AF450860

PAIN ET VIANDE

COMMERCES

DE LA

BOULANGERIE ET DE LA BOUCHERIE

AVEC LA

LIBERTÉ

PAR F. RENAUD

PRIX : **1** FRANC

BESANÇON

LIBRAIRIE DE Mme VEUVE BAUDIN, NÉE BINTOT

PLACE SAINT-PIERRE

JUILLET M. DCCC. LXIV

AVANT-PROPOS.

En voyant les progrès se multiplier d'une manière générale, on ne peut se dissimuler combien il est étrange que la vente du pain et de la viande n'offre pas encore aux consommateurs les garanties d'équité et de certitude que réclament les deux premiers aliments de l'homme.

L'expérience apportera, avec le temps, des perfectionnements dans l'usage des chemins de fer, des métiers, des mécaniques, de la vapeur, de l'électricité, etc., mais toutes ces choses fonctionnent déjà au profit du bien-être général.

L'agriculture, ce trésor inépuisable, a encore bien des améliorations à obtenir. Le temps n'est plus où les Etats étaient séparés par des tarifs, où la difficulté des communications dans une contrée expliquait la culture des denrées nécessaires à la localité, même quand le sol semblait s'y refuser. Aujourd'hui, une grande transformation doit s'opérer : le midi et le nord arriveront à ne plus cultiver que les denrées propres à leur sol, à leur climat, et chacun devra se pourvoir au véritable pays de production. En Franche-Comté, on verra peu à peu les vignes, d'une culture difficile, d'une récolte douteuse et d'un produit faible en qualité, faire place aux luzernes ou prés naturels dans les terres fortes et à l'esparcette dans les terres rocailleuses, ce qui sera plus lucratif pour les propriétaires. On ne tentera plus trop haut, dans les montagnes où le froid est précoce, la culture des grains qu'il faut quelquefois aller récolter en traineau, dans la neige, pour les livrer verts au bétail. Quand les cultures seront régulièrement appropriées à la nature des terres et à leur exposition, les Franc-Comtois concourront à la production générale pour les fourrages, les fromages, les viandes, les grands bois de construction.

Autrefois on ne donnait aucun soin aux vins du midi que l'on *brûlait,* faute de débouchés, pour faire de l'eau-de-vie, et un préjugé existait contre eux. Maintenant que les propriétaires trouvent à les écouler facilement, les récoltes sont faites avec soin, et les vins bien traités commencent à arriver sur nos tables. Un jour viendra où le vin renommé de Vuillafans sera qualifié de *verjus;* les beaux chasselas de Fontainebleau seront trouvés bien fades auprès des raisins frais de Roquevaire dont les grains fermes sont comme confits.

Tout en tenant compte des expositions spéciales et des qualités particulières des terrains, on peut reconnaître, comme traits principaux, que le nord doit produire un nombreux et robuste bétail, les grosses racines propres à l'alimentation des distilleries et sucreries, les plantes oléagineuses et textiles; au centre, on aura le bétail fin, les moutons mérinos, métis et à longue laine, les céréales, les légumes et les fruits ordinaires; au midi, les moutons mérinos, le ver à soie, les blés, la vigne, les huiles fines, les primeurs et les fruits sucrés.

Combien les aliments seront plus sains et plus profitables à la nourriture quand on ne demandera à chaque terre que sa production naturelle !

Des encouragements étant justement alloués pour les plus beaux reproducteurs des animaux domestiques, et leur emploi étant approprié selon leur nature, — le cheval léger pour la selle et le cabriolet, le cheval de trait pour le laboureur et le charretier, — ne serait-il pas très-utile de décerner des récompenses pour les meilleures semences parmi celles dont l'usage serait le plus en rapport avec la qualité du sol?

L'émulation est toujours un moyen puissant pour amener le progrès.

Le temps est encore éloigné où plusieurs lignes de chemin de fer partiront des bâtiments comme des rayons pour se porter aux extrémités des grandes exploitations agricoles, et seront reliées aux deux tiers de leur parcours par un chemin circulaire dont l'ensemble sera très-profitable à tous les travaux. Avant d'en arriver là, il convient d'abord d'améliorer les détails simples et essentiels : les fumiers que le soleil brûle et que la pluie délave ne sont pas encore couverts d'un toit monté sur étais, et le *purin* n'est pas toujours recueilli avec soin pour arroser les engrais !

Heureusement, la sollicitude de l'administration et le concours des comices assurent une marche progressive à l'agriculture.

L'industrie aussi avance successivement, mais peu avec ensemble dans toutes ses branches : l'horlogerie, sans négliger les chronomètres, les pièces de luxe et de précision, ne livre pas encore la montre à cinq francs qui sera portée par les classes laborieuses ; les fabriques de tissus ne produisent pas encore des étoffes pour vêtir les ouvriers à un prix modéré ; la tannerie paraît stationnaire, et l'attention de l'Etat pourrait se porter sur la nécessité d'accélérer le tannage en ménageant la qualité et en obtenant une réduction notable du prix des cuirs; les forges n'ont pas encore surmonté les difficultés qu'elles rencontrent pour atteindre le niveau de la concurrence étrangère. En Franche-Comté, sauf la ligne de fer de Fraisans à Ougney, on voit toujours les usines desservies par des chemins en mauvais état et des attelages misérables pour les transports des minerais, charbon, fonte, etc.; les hauts-fourneaux n'ont pas encore de manége simple, mû par l'eau ou la vapeur pour les charger; les cages ou creusets n'ont pas encore les dimensions voulues pour doubler ou tripler la fonte du minerais sans augmenter deux ou trois le combustible et le temps; les fontes fines ont conservé un débouché encore lucratif, et il est présumable que le dernier mot n'est pas dit sur l'amélioration de la qualité des fontes communes. La cognée du bûcheron ne pourrait-elle pas être avantageusement remplacée par la scie mécanique portative?

Les banques auront aussi de grandes transformations à opérer dans leur jeu; elles devront se multiplier et rendre leur accès facile au plus grand nombre en n'ayant pour limites que les mesures prescrites par l'ordre et la sécurité.

En signalant une partie des défectuosités et des améliorations possibles, il ne faut pas méconnaître que chaque jour apporte sa part dans le progrès, ni perdre une seule des espérances que donnent les temps d'ordre et de calme.

Une question de premier ordre est à l'étude et paraît devoir se résoudre de la manière la plus simple : c'est *la vente du pain*. Une autre question étroitement liée à celle-là se présente aussi, c'est *la vente de la viande*.

La solution de l'une et de l'autre est le but de cet ouvrage.

PAIN.

Au mois de septembre 1860, j'ai publié un opuscule
sur *la taxe du pain;* il était précédé des réflexions
suivantes : « La taxe du pain est-elle nécessaire,
» sauvegarde-t-elle bien tous les intérêts? Le libre
» choix du consommateur et la concurrence dans
» tout son essor ne sont-ils pas de bons régulateurs?
» La concurrence ne donne-t-elle pas L'ÉMULATION,
» qui est la mère du progrès !

    » Partisan de la liberté des transactions, l'écrivain
» n'hésiterait pas à répondre d'une manière affirma-
» tive; mais convaincu qu'il s'écoulera encore du
» temps avant qu'une réforme radicale ne soit opérée,
» il s'occupera ici de la taxe dans l'hypothèse de sa
» conservation. »

Au mois de février 1863, dans une petite brochure
ayant en vue d'exposer les moyens de donner au
commerce de la boucherie la plus grande liberté, tout
en assurant la fidélité du poids, la garantie de la qualité et la concurrence constamment stimulée pour la
fixation des prix, je disais, page 30 : « En proposant
» ce système de réglementation, l'auteur ne désespère
» pas de voir un jour, avec les modifications que le
» temps pourra suggérer, son utile application à la
» boulangerie, au commerce des vins, etc. Pour la
» boulangerie, en dehors du pain de luxe, l'admi-

» nistration n'aurait plus qu'à prescrire les types de
» qualités, le degré de cuisson et le poids maximum
» des pains. Cela n'empêcherait pas la mercuriale de
» s'établir comme par le passé, et quinze jours ne
» s'écouleraient pas sans que l'on vît les prix varier
» chez les boulangers, selon les achats plus ou moins
» heureux, les besoins de réaliser, le désir d'aug-
» menter sa clientèle, la nécessité de vendre une
» marchandise qu'une plus longue conservation
» pourrait altérer, etc. Vendeurs et acheteurs ne s'en
» trouveraient sans doute pas mal. »

C'est donc avec la plus grande satisfaction que j'ai salué le décret du 22 juin 1863, qui ouvre la porte de la liberté au commerce de la boulangerie.

Il s'agit maintenant de suivre l'œuvre qui est en voie de réalisation et de l'éclairer, chacun selon ses lumières, pour faciliter son succès complet.

La nouvelle loi devra reconnaître aux boulangers le droit de vendre le pain aux prix qu'ils voudront, et à l'administration celui de surveiller la fidélité du poids et la garantie de la qualité.

Avec la faculté de fixer ses prix, la boulangerie n'aura aucune objection à élever sur les garanties que l'autorité pourra exiger dans l'intérêt public. Personne ne voudra refuser à l'administration les moyens d'obtenir que le pain soit sain, convenablement cuit, et conforme aux types des qualités d'après l'usage des localités. Si certains esprits trouvaient là une restriction à la liberté, ils se rectifieraient, sans doute, en comprenant que ce ne sera qu'après parfaite connaissance des conditions auxquelles il devra

livrer, que le boulanger arrêtera librement son prix.
Mais une fois les conditions de livraison connues et
le prix de vente déclaré, le vendeur devra se trouver
sous les obligations d'un contrat sciemment passé qui
doit être rigoureusement exécuté. La déclaration du
prix auquel le boulanger veut vendre son pain est
une des conditions essentielles du nouveau régime, et
pour obtenir cette déclaration avec toute la sincérité
possible, c'est un employé de l'administration qui
devra se rendre à domicile pour la recevoir à l'insu
des autres boulangers. Toutes les déclarations, sans
distinction de prix, devront être publiées par les soins
de l'administration, ce sera un puissant mobile pour
la concurrence.

La durée du prix contracté par la déclaration devra être pour chaque localité d'un marché à un
autre, sans cependant qu'elle soit moindre d'une
semaine.

Ici encore certains partisans de la liberté à perte
de vue pourront dire : « Vous mettez des entraves ;
un boulanger qui apprendra de la hausse dans l'in-
tervalle des marchés sera injustement empêché d'augmenter son prix ; la liberté est illusoire ! » A ces
contradicteurs minutieux, il y aura deux réponses à
faire : 1° la compensation existe entre la hausse et la
baisse, les chances étant semblables ; 2° le boulanger
fera son prix non avec des denrées à acheter, mais
bien avec celles qu'il aura en sa possession, et qui
auront la durée de son contrat avec les consommateurs.

Pour le vendeur, qui verra son nom et son prix en

regard des noms et des prix de ses concurrents, ainsi que pour les acheteurs appelés à faire des comparaisons, l'effet des affiches apposées ou de la publicité dans les journaux, sera de tenir sans cesse la concurrence en haleine, et par cela même de contenir les prétentions exagérées. Par le tableau des noms et des prix, l'attention de l'administration serait promptement éveillée aussi sur la possibilité d'un accord entre les vendeurs si les prix étaient uniformes, surtout d'une manière suivie.

En recueillant les déclarations de prix à domicile, ce sera un moyen d'éviter toute entente préalable et d'obtenir l'expression vraie d'un taux ayant pour base l'intelligence et le travail de chacun, ce qui formera ensuite l'ensemble du tableau.

Dans ce tableau convient-il de faire figurer le prix de la taxe officieuse? La réponse doit être affirmative sans aucun doute.

Cette taxe ne devra plus être considérée comme mesure transitoire, mais bien comme annexe à la loi qui réglera définitivement le commerce de la boulangerie ; elle ne devra être obligatoire pour personne et sera une indication pour tout le monde.

Bien des marchés pour les établissements publics, pour le pain de soupe à la troupe, seront encore passés avec rabais sur la base de la taxe officieuse; dans quelques années, la taxe officieuse sera peut-être moins utile, et alors l'administration parfaitement éclairée pourra aviser. D'ici là, il est incontestable que cette taxe aura le mérite de concourir au maintien des prix à un certain niveau, de renseigner pour leur prix de vente les boulangers qui n'ont pas l'habitude de convertir le prix du blé dans sa transformation en pain, et d'éclairer sur les prétentions des boulangers les consommateurs qui voudraient se servir du four.

Un écrivain consciencieux qui paraît bien connaître le droit, mais peut-être moins les pratiques commerciales, a dit en combattant la taxe officieuse : « Le pain et la viande sont les deux aliments princi- » paux de la consommation ; la boucherie a été » longtemps, comme la boulangerie, soumise à une » réglementation complète ; le nombre des bouchers » était limité, la taxe était appliquée à la viande » comme au pain. Puis un jour est venu où le gou- » vernement a proclamé le principe de la liberté de « la boucherie, la taxe officielle a été supprimée, et » personne n'a eu la pensée d'établir une taxe offi- » cieuse. Or, nous nous demandons pourquoi on » adopterait la taxe officieuse à l'égard de la boulan- » gerie, quand elle n'a pas même été essayée à » l'égard de la boucherie ? »

Voici pourquoi : la taxe officielle de la viande *n'était pas pratiquable équitablement*. Celui qui écrit ces lignes l'avait dit avant et pendant l'essai, attendu la disproportion des qualités de chaque pièce de bétail de même espèce, la confusion facile du choix et de la valeur des morceaux, confusion à laquelle ne pouvaient absolument obvier les administrateurs très-éclairés chargés des taxes.

La taxe officielle n'étant pas possible pour la viande, la taxe officieuse ne l'était pas davantage.

Pour le pain, il n'en est pas ainsi. Presque partout les taxes sont dressées régulièrement et peuvent survivre, ne fût-ce que pour les statistiques, sans faire aucun mal à la liberté de la boulangerie.

L'opposant précité dit encore : « Par un tel système, le gouvernement enlèverait aux boulangers » tout intérêt à employer les meilleures marques de » farine et à perfectionner le mode de fabrication. »

Encore une fois, la taxe officieuse ne sera pas obligatoire, et à côté d'elle la boulangerie pourra agir comme elle l'entendra ; on ne doit point avoir peur de l'ombre.

Quant à l'indifférence que la taxe officieuse suggérerait à la boulangerie pour le perfectionnement dans la fabrication, c'est une erreur. Au moins autant que sous la taxe officielle, il y aura des boulangers qui feront du pain préférable à celui des autres; alors ce sera le discernement des consommateurs qui tiendra compte du mérite des qualités. En ce qui concerne les progrès dans la mouture ou dans la fabrication, qui pourront faire obtenir plus de blancheur ou plus de rendement, les boulangers auront le même intérêt à les poursuivre, parce que si le rendement est plus fort au moulin, ils ne donneront toujours que le même poids de pain, et en augmentant la blancheur, ils sauront la ramener au niveau des types avec une farine de qualité plus faible.

La taxe officieuse aura donc le mérite de ne porter préjudice à aucun intérêt et d'être utile à tout le monde, au moins pendant les premières années.

Dans une circulaire adressée le **22** août dernier à

MM. les préfets, M. le ministre de l'agriculture, du commerce et des travaux publics dit que la taxe officieuse doit être rendue publique, sans toutefois que cette publicité soit analogue par sa solennité et sa périodicité à celle donnée à la taxe officielle, afin d'éviter toute contrainte morale sur les boulangers et leur laisser l'entière liberté selon leur initiative.

Par ces recommandations, M. le ministre témoigne du désir d'apprécier en toute connaissance les effets de la liberté, avant de laisser l'administration se départir de la loi de 1791 sur la boulangerie.

On peut dire avec assurance que M. le ministre n'obtiendra pas des résultats conformes à ses intentions : tant que la boulangerie ne sera pas définitivement fixée, elle agira, dans les limites de la position qu'elle a, en vue de l'avenir ; s'il entre dans ses projets de connaître le taux de la taxe officieuse, ce ne sera pas le défaut de publicité qui l'en empêchera, sans faire allusion aux complaisances ou aux indiscrétions possibles ; il est évident que toute personne qui sait compter peut, avec les mercuriales des marchés aux blés, établir le prix de la taxe du pain. Que les mercuriales soient établies par les soins de l'administration ou par une commission nommée par le maire, elles sont publiées ; si on supprimait ces publications, cela produirait, dans les premiers moments, de la perturbation pour les cultivateurs qui ont toujours en cette sorte d'indication pour régler la vente de leurs denrées ; puis, peu à peu, le commerce, par ses avis, suppléerait aux mercuriales et la boulangerie, avec moins de précision qu'avec le travail officiel mais avec une même moyenne, trouverait toujours le prix de la taxe du pain. C'est précisément parce que la boulangerie, avec le régime de la liberté, aura la faculté d'être renseigné sur le taux que donnerait la taxe, qu'il est juste, qu'il est nécessaire que l'administration donne toute publicité à la taxe officieuse pour éclairer les particuliers qui n'auront pas la même facilité pour se rendre compte du prix du pain par rapport au prix du blé. Ce ne sera donc que de la compensation, et l'autorité voudra sans doute y veiller dans l'intérêt des masses.

En publiant la taxe officieuse, l'admimistration tiendra certainement à lui donner toute la valeur et la sincérité possibles. A cet effet, il convient de reproduire ici, pour les villes qui sont dans une position analogue à celle où était Besançon, le mode régulateur choisi pour établir la taxe et les considérations qui ont été publiées, sans mise en vente, par l'auteur en 1860, et qui sont pratiquées par la municipalité de Besançon depuis novembre 1860, en ce qui concerne la différence du poids du blé selon les récoltes, et depuis l'établissement de la taxe officieuse pour le prix du pain au kilogramme :

« C'est le *prix du double-décalitre de blé* qui sert de base à la taxe du pain. Là est une grosse erreur.

» Selon les années, les récoltes donnent des qualités qui varient sensiblement. Dans une mauvaise année le blé peut ne peser que 70 kilos l'hectolitre ; une bonne récolte peut élever le poids à 80 kilos ! Ces chiffres, qui présentent une différence positive de 13, 33 p. $_0/^0$, n'ont aucune valeur dans le mode actuel de la taxe. Est-ce juste ? Quels que soient la qualité du blé et son rendement en farine ou en son, le consommateur et le boulanger subissent le prix du double-décalitre !

» D'autres chiffres font encore ressortir davantage l'inégalité du double-décalitre. Quand l'hectolitre est de 80 kilos, le rendement de 100 peut être évalué ainsi :

Farine première.	60 kilos.
— troisième.	15
— quatrième.	2
Son et recoupe.	19 5
Déchet.	3 5
Total.	100 kilos.

» Lorsque l'hectolitre est de 70 kilos, 100 kilos ne produisent que :

Farine première.	50 kilos.
— troisième.	18
— quatrième.	5
Son et recoupe.	22
Déchet.	5
Total.	100 kilos.

» Là ne s'arrête pas la plus ou la moins value du blé. Si le blé est de 80 kilos l'hectolitre, la farine qui en provient peut produire 177 kilos de pain par sac de 125 kilos, tandis que le même poids de farine provenant de blé de 70 kilos l'hectolitre, ne produira que 168 kilos de pain ! et il ne faudrait pas croire que ces 168 kilos profitent autant à la nourriture de l'homme que 168 kilos provenant du blé de 80 kilos l'hectolitre; mais ce dernier point est en dehors de la mercuriale et n'appartient qu'à messieurs les économistes.

» On voit par la différence du poids du blé à l'hectolitre, autant que par le rendement, la boulangerie taxée d'après la mesure éprouve une variation de 20 p. $_0$/^{0} entre une année de blé à 80 et une année à 70 kilos. Quelles sont les conséquences qui peuvent résulter d'un tel règlement? Un grave préjudice aux consommateurs ou la ruine des boulangers.

» On pourrait dire que la boulangerie trouve une compensation entre les bonnes et les mauvaises années. Mais alors, ce serait tout à la fois *un jeu scandaleux, une erreur* et *une fausse position faite à l'administration.*

» Ce serait un jeu scandaleux, on en a eu la preuve avec la série des mauvaises récoltes de 1854, 1855 et 1856. Les boulangers étaient en perte avec les blés de ces trois années; malheureusement, un assez grand nombre d'entre eux qui n'étaient pas en position de soutenir la lutte ont été ruinés. Une fois dans la misère et tenus à distance par le discrédit qui s'attache aux revers, ces ouvriers, la plupart pères de famille, n'ont plus eu de ressources pour jouir des récoltes de 1857 et 1858 !

» Ce serait une erreur, parce que bien des ménages qui savent compter vont au boulanger quand le blé rend peu, et profitent du four quand le blé rend beaucoup. Est-ce de la compensation pour la boulangerie?

» Ce serait une fausse position pour l'administration, attendu que c'est lorsque le pain est cher que la classe ouvrière est portée à se plaindre et, placée entre ces plaintes et un travail onéreux pour la boulangerie, l'administration ne pourrait intervenir facilement. Non-seulement la boulangerie est généralement en perte quand les plaintes se produisent, mais c'est alors que ses affaires demandent le plus de capitaux.

» Exiger en tous temps les satisfactions que sont en droit de réclamer les consommateurs, en donnant à la boulangerie les moyens de vivre, voilà sans doute la volonté de l'administration. Réformer la taxe est le seul moyen pour y arriver.

» Si une raison de plus était nécessaire pour déterminer la taxe du pain d'après le poids et non d'après la mesure du blé, on pourrait invoquer l'intérêt des populations à s'habituer, dans les marchés et transactions, à traiter au poids, système plus unitaire, plus équitable et qui entre dans les vues de l'administration.

» Rien ne s'oppose à la taxe du pain, basée sur le poids du blé, et tout le prescrit.

» Pour être le plus près possible de la vérité et faire disparaître d'un seul coup les fluctuations que produisent les diverses qualités de blé dans la caisse du boulanger, il faut qu'un régulateur tienne compte du rendement à la mouture et au pétrin.

» Comme régulateur des qualités du blé ayant pour base le poids, il doit être fait une réduction ou une augmentation calculée à raison de 10 multipliés par le chiffre qui excédera ou manquera au poids de 75 kilos l'hectolitre de blé d'après les constatations officielles. Exemples : 1° le poids du blé étant de 78 kil. 200 donne un excédant de 3 kil. 200 à multiplier par 10 qui produisent 3,20 p. 0/0 à déduire du prix du pain qui, s'il est de 30 c., le kilo escompté de ces 3,20 p. 0/0, donne 9,60 à déduire et fait ressortir le prix réel à 29 c. 04, soit en chiffre rond 29 centimes. 2° Le poids du blé étant de 72 kil. 200 donne un manquant de 2 kil. 800 à multiplier par 10, qui produisent 2,80 p. 0/0 à ajouter au prix du pain, qui, s'il est de 39 c., donne 10,92 à additionner, et fait ressortir le prix réel à 40 c. 0,92, soit en chiffre rond 40 centimes.

» Tant que les calculs ne donneront pas une fraction de centimes de 50 p. 0/0, il n'en sera pas tenu compte dans la taxe; depuis 50 et au-dessus, le centime doit être à l'avantage de la taxe.

» En taxant le pain d'après le poids du blé, la boulangerie trouvera une grande sécurité et un avantage lorsque les années, comme 1858, donnent un blé très-bon qui dure 15 à 18 mois sans servir de base au-delà d'un an. Aussi dès l'application du nouveau système, il faut espérer que MM. les boulangers, de Besançon surtout, s'empresseront de faire tirer un peu moins en farine première, qu'ils feront sortir 2 à 3 p. $_0l^0$ de farine quatrième pour le bétail par mouture ordinaire, et qu'en chauffant moins leurs fours ils y laisseront le pain plus longtemps.

» Le prix par *miche de trois kilos* est aussi contraire au système légal des poids et mesures que le boisseau, ancienne mesure de 25 litres.

» Puisque les boulangers sont tenus de peser le pain, il est inutile de fixer un poids que vendeurs et acheteurs ont toujours le droit de modifier par leurs accords.

» Par trois kilos, la taxe n'est pas assez mobile. Ainsi, il faut 25 centimes de variation par double-décalitre de blé pour changer le prix de la miche de 5 centimes; de cette manière le double-décalitre peut varier de 24 centimes 99 sans faire changer la taxe; aussi il arrive que pour une fraction de centime, en plus ou en moins, le consommateur paie 5 c. de plus par miche ou le boulanger vend 5 c. de moins pendant quinze jours. On peut dire que les quinzaines offrent pour résultat une moyenne à peu près juste, mais cette réglementation est un jeu que l'on doit restreindre autant que possible.

» Le prix du pain doit être fixé par kilogramme.

» La miche de pain bis est *invariablement taxée vingt centimes de moins* que celle de pain blanc.

» De cette façon si le pain blanc est à 1 fr., le pain bis est à 80 c., ce qui donne 20 p. $_0l^0$ de différence, et si le pain blanc est à 2 fr., le pain bis est à 1 fr. 80 c., ce qui réduit la différence à 10 p. $_0l^0$! Est-ce de la proportion? non. La logique elle-même ici est en défaut; d'après le mode actuel de la taxe, quand les blés sont de bonne qualité, la boulangerie réalise des bénéfices qui lui laissent toute latitude pour faire du pain bis convenable, tandis que pendant les années de mauvaises qualités, elle cherche une compensation à ses pertes en tirant du blé la plus forte quantité possible de farine première, et cela au détriment de la farine destinée au pain bis. Il en résulte que s'il y a 20 p. $_0/^0$ de différence entre le prix du pain blanc et celui du pain bis, les qualités se rapprochent beaucoup plus que s'il n'y a que 10 p. $_0/^0$! La taxe est évidemment défectueuse sur ce point; et c'est justement quand les années sont malheureuses et que le pain est cher, que les petites bourses ont à subir une telle répartition! alors le pain bis est proportionnellement plus cher que le blanc, et les boulangers finissent par le vendre difficilement.

» Il est donc sage et juste de maintenir constamment à 20 p. $_0/^0$ la différence de prix entre le pain blanc et le pain bis.

» Si la boulangerie élevait des objections contre la différence constante de 20 p. $_0/^0$ d'entre le prix du pain blanc et celui du pain bis, on pourrait lui répondre que si, dans les hauts prix, cette différence est plus grande que par le passé, le mode régulateur qui fera augmenter ou baisser le prix du pain, selon que le blé pèsera plus ou moins de 75 kilos l'hectolitre, *est proportionnel*, et que l'augmentation du prix du pain est d'autant plus forte que le poids du blé est plus faible, tandis que la baisse est dans des *conditions relatives* beaucoup plus restreinte, par la raison que c'est quand le blé est bon que le pain est à bas prix, tandis que le pain est cher quand le blé est mauvais; alors une réduction de 2 ou 3 $_0/^0$ est moins sensible avec un prix faible que ne le serait une augmentation de même valeur avec un prix élevé.

» Le double-décalitre ayant toujours été considéré poids moyen comme mesure de 15 kilos de blé, il convient de le conserver pour établir l'échelle du prix du pain (1).

(1) Cette moyenne de 15 kilos le double-décalitre de blé à Besançon dépasse le poids de quelques localités, mais est généralement plus faible aux autres productions de la France.

» En conséquence, pour faire la parité de la taxe sur cette base, lorsque le quintal de blé descendra au minimum présumé de 12 fr. 50 c., le prix du kil. de pain blanc sera de 20 centimes, et chaque franc d'augmentation ou de diminution par quintal fera monter ou réduire le prix du kilo de pain d'un centime.

» Depuis près de trente ans que la taxe actuelle est appliquée, n'est-il pas survenu de changements qui doivent être pris en considération soit dans l'intérêt des consommateurs, soit dans celui de la boulangerie?

» Les consommateurs ont à se prévaloir de deux améliorations notables : 1° depuis la mise en pratique et le perfectionnement des battoirs, cribles et ventilateurs, les blés sont propres, nets, dégagés d'ivraie et de grains maigres; 2° la création des moulins anglais et les moyens plus actifs apportés aux moutures donnent de l'économie font produire un rendement plus fort en farine, ou tout au moins ont substitué en partie la bonne à la mauvaise.

» La boulangerie fait valoir l'augmentation du prix des loyers, du bois, des gages des garçons, etc., etc.

» En somme, les changements survenus peuvent être considérés par les consommateurs et la boulangerie comme réciproques et ne doivent pas faire modifier la marge allouée au boulanger pour sa rémunération.

» La mercuriale du blé à Besançon est une des mieux tenues. (Les déclarations au poids n'y changeront rien.) Aussi il n'est pas étonnant que presque toutes les communes du département et une partie de celles de la Haute-Saône et du Jura s'en servent comme base du prix du pain. Néanmoins, pour que la mercuriale conserve son caractère de fidélité aux intérêts nombreux qu'elle protége, un complément est nécessaire.

» Quand les récoltes sont très-faibles, que les ventes de la halle n'offrent à la mercuriale qu'un huitième, dixième ou douzième de ce qui est livré à la consommation, alors

que le gros des arrivages se fait à la gare du chemin de
fer et que l'exception qui se trouve sur le carreau de la
halle ne doit pas faire la règle. Dans ces années, heureusement rares, l'administration doit être en mesure de faire
entrer dans la mercuriale le prix des farines du commerce
qui alimentent en grande partie les boulangeries.

» Tous les ans une reconnaissance légale et régulière du
poids du blé est faite par les soins de l'administration
municipale. A quoi sert cette constatation? à remplir les
cartons qui renferment la statistique de l'espèce.

» La constatation officielle du poids du blé devra désor-
mais avoir l'importance qu'elle comporte : la base de la
taxe du pain. »

Depuis 1860, les récoltes ont été assez bonnes
pour qu'on n'ait pas eu besoin d'introduire le prix
des farines dans la mercuriale qui sert à la taxe du
pain.

Quant à la différence constante de vingt centimes
entre la miche des deux qualités de pain, quels que
soient les prix, il est regrettable que l'administration
n'ait pas accueilli les observations qui précèdent à ce
sujet. Dans la pratique, il est cependant bien simple
de ne prendre que le prix du pain blanc et de taxer
le bis 20 p. $_0l^°$ au-dessous.

Au 1er juillet 1864, les deux journaux de Besançon, en publiant la mercuriale officielle du prix
du blé, ont donné, d'après la note de la mairie, le
prix moyen du blé de la seconde quinzaine de juin,
qui était de 3 fr. 98 c. le double-décalitre, et annoncé
que le prix du pain, comme taxe officieuse, restait
sans changement sur la quinzaine précédente à
51 c. 7 le kilo. Néanmoins les boulangers ont aug-

menté le prix du pain de 5 centimes par miche de 3 kilos, ce qui a provoqué des observations de la part de quelques consommateurs. Aux yeux de la population, la boulangerie a voulu profiter du régime de la liberté pour élever, malgré l'indication de la taxe officieuse, le prix du pain ; cependant, il n'en est pas ainsi. C'est la note communiquée aux journaux qui renferme une erreur ou qui a été établie sur une base inexacte. La seconde quinzaine de juillet est dans des conditions identiques.

Il parait que pour établir le prix du pain dans la proportion du poids du blé à l'hectolitre, on procède comme suit :

Quand le blé est du poids moyen de 75 kilos l'hectolitre, et que le prix du double-décalitre est de 3 fr. 87 c. 1/2 à 4 fr. 12 c. 1/3, le pain est taxé à 35 c. 33 le kilo ; et, si le poids du blé est au-dessus de 75 kilos comme la récolte de 1863 qui a donné

$$77 \text{ k. } 277 \text{ grammes, on}$$

multiplie ce poids par $\quad 3 \quad 87 \text{ 1/2}$

$$\begin{array}{r} 540939 \\ 618216 \\ 231831 \\ 386385 \end{array}$$

on divise par 75 ce total $\quad 299448375 \mid 75$

$$\begin{array}{r} 744 \\ 694 \\ 198 \\ 483 \\ 337 \\ 375 \\ 00 \end{array}$$ $\quad 3,99,2645$

Ces calculs donnant 3 fr. 99, on croit que le prix du double-décalitre de blé doit s'élever à ce taux pour faire monter le prix du pain. On ne se rend pas compte que dans ces opérations on fait figurer l'excédant du poids du blé de 75 kilos, ce qui fausse le résultat dans le sens inverse de celui qui fait un emprunt de 1,000 fr., à qui on retient 50 fr. sur le capital pour les intérêts à courir et qui croit ne payer que juste 5 p. 100 d'intérêts. Du reste, si le mode du premier calcul était juste, il ne faudrait prendre ni le minimum ni le maximum du prix pour faire la multiplication, entre 3 fr. 87 c. 1/2 et 4 fr. 12 c. 1/3, il faudrait prendre le milieu, soit 4 fr. Là n'est pas la question.

Pour obtenir le prix du pain d'après la valeur du double-décalitre de blé et dans la proportion de son poids, il n'y a pas deux manières d'opérer. Prenant le poids moyen du blé à 75 kilos l'hectolitre et la taxe du pain ayant une échelle des prix basée sur ce poids ; tenant pour exact que le poids du blé étant inférieur à 75 kilos peut diminuer jusqu'à 10 p. $_0/^o$ le rendement tant en poids qu'en farine et au pétrin ; que le poids excédant 75 kilos doit augmenter le rendement de 10 p. $_0/^o$, pour les causes contraires au poids léger, la taxe doit d'abord être invariable de l'échelle des prix sur le poids de 75 kilos, et qu'à ces prix on doit simplement ajouter ou diminuer 10 p. $_0/^o$ *sur la différence du poids au-dessous ou au-dessus de 75 kilos.* Le prix moyen du double-décalitre de blé a été de 3 fr. 98 c. la seconde quinzaine de juin, prix qui se trouve dans la marge de 3 fr. 87 c. 1/2 à

4 fr. 12 c. 1/3 et fait ressortir le prix du kilo de pain à 33 c. 33. Le poids du blé de 1863 étant de 77 k. 277 grammes, donne un excédant de 2 k. 277 qui est le chiffre décimal à multiplier par le prix du pain pour obtenir la réduction à opérer; exemple :

Chiffre décimal,	2,277
Prix du kilo de pain,	33,33

$$
\begin{array}{r}
6831 \\
6831 \\
6831 \\
6831 \\
\hline
7,58,9241
\end{array}
$$

Soit 7,59 à déduire de

$$
\begin{array}{r}
33,33 \\
7,59 \\
\hline
\end{array}
$$

ce qui donne le kilo de pain à 32 c. 571, ou la miche de trois kilos à 97 c. 713.

La plus forte partie des fractions étant à l'avantage de la boulangerie, elle a porté, avec raison, suivant son usage, le prix à un franc.

Les chiffres qui précèdent doivent démontrer, une fois de plus, le mauvais côté de la taxe par trois kilos et faire espérer que la manière d'établir la taxe officieuse sera rectifiée.

Revenons à la portée du décret du 22 juin 1863.

Si le gouvernement croit pouvoir s'éclairer sur les effets de la liberté par la position qu'a maintenant la boulangerie, il se trompe.

Entre la publication du décret du 22 juin et son exécution, la boulangerie de Paris était décidée à vendre au-dessus de la taxe officieuse, de manière à provoquer le rétablissement de la taxe officielle, mais cette fois à des conditions plus lucratives qu'antérieurement. Cette combinaison, qui avait pour prétexte la réforme d'une mauvaise taxe et le rétablissement du privilége, n'a pas eu le succès espéré, à cause des moyens d'émulation que créait avec elle la nouvelle mesure. Au fond, la boulangerie dirige toujours ses combinaisons dans l'espérance d'atteindre son but ; elle semble endormie, et cependant elle est attentive à tout ce qui peut servir ses projets. Le même esprit a pénétré dans les provinces où, généralement, les boulangers tiennent à suivre le prix de la taxe officieuse. En agissant ainsi, personne ne se plaint, tout le monde parait s'en bien trouver ; aussi il ne serait pas étonnant que bon nombre de municipalités, certains intermédiaires aidant, fussent d'avis de continuer l'ancien système. Le *statu quo* est si commode, quoique préparé avec artifice, soutenu par des complaisants, et proclamé par ceux qui ne voient que la surface et ne se donnent pas la peine d'aller au fond des choses !

Il est positif que dans l'état actuel les effets de la véritable liberté ne se produisent pas.

Ce ne sera que quand la liberté sera écrite dans la loi que la boulangerie perdra ses illusions, ce ne sera que quand on fera jouer le grand ressort de la concurrence par l'usage du tableau précédemment indiqué, que les bienfaits du nouveau régime surgiront de toutes parts.

On verra certainement des meuniers et des marchands de farine faire établir des fours d'où ils dirigeront sur plusieurs endroits du pain à la vente. Alors les muncipalités devront exiger que le pain de chaque four porte un numéro qui fera reconnaitre son origine.

Avec le provisoire qui existe, rien ne se fait.

Avec le positif que donnera la loi, les intérêts ne craindront plus de se montrer, et des économies notables seront obtenues sur le prix du pain : à l'époque où l'on imposait la taxe officielle à la boulangerie, l'administration était tenue de laisser une certaine marge dans le prix pour le gain des boulangers et le nombre des fours était limité. Besançon (et les autres villes étaient à peu près dans des conditions semblables) comptait environ soixante fours dont chacun ne produisait guère, en moyenne, que deux fournées par jour. Les frais généraux étaient considérables pour le faible chiffre d'affaires obtenu ; aussi, avec un bon prix de taxe, les boulangers étaient-ils toujours portés à dire qu'ils n'étaient pas suffisamment rémunérés.

Quand la liberté sera définitive, des fours nouveaux s'établiront dans les endroits où les prix des loyers sont le plus bas ; ils pourront produire chacun, facilement, huit fournées par jour, et des locaux fort simples seront suffisants pour établir des débits qui pourront même être tenus dans des magasins ayant déjà un commerce. De cette façon, le four qui produira comme quatre boulangeries économisera, toute proportion gardée :

60 p. $_0/_0$ sur le prix du loyer,

30   id.   id.   du combustible,

25   id.   id.   de la main-d'œuvre,

25   id. sur les frais de ménage.

Ce qui donne une moyenne d'économie de 35
p. 0/0° sur les frais généraux.

Ces résultats amèneront d'une manière inévitable
quelques déconfitures qu'il faudra accepter dans l'intérêt général.

Des esprits inquiets pourront alors dire : « Mais si
avec le temps il n'existe que quinze boulangeries au
lieu de soixante, il leur sera facile de s'entendre pour
faire monter le prix du pain. » Qu'ils se rassurent :
la jalousie de métier, la publication du tableau des
déclarations de prix, le prix indicateur de la taxe
officieuse, la spéculation attentive à se porter où des
bénéfices sont à réaliser et la surveillance de l'administration, sont des moyens suffisants pour prévenir
ou détruire toute entente nuisible.

La liberté, à l'inverse de la taxe obligatoire, amè-
nera une réforme sensible en faveur de la qualité du
pain.

Avec la taxe, quand on ne tenait pas compte du
poids du blé à l'hectolitre, pendant les mauvaises
récoltes, les boulangers faisaient entrer les farines
secondes et même troisièmes dans le pain blanc; et,
en conscience, la taxe étant vicieuse, on ne pouvait
pas leur reprocher le moyen de conjurer leur ruine.
Habituée alors à livrer du pain moins blanc et plus
commun, la boulangerie s'est peu rectifiée lorsque
les récoltes ont donné du bon blé. Ainsi, dans le
temps, les boulangers de Besançon faisaient tirer de
leurs moutures des farines première, seconde, troisième, quatrième et sons. La farine première servait
à faire le pain blanc, la farine seconde était employée

aux levains du pain bis que l'on fabriquait avec la farine troisième; la quatrième était destinée au bétail ou aux malheureux habitués à manger le pain d'orge et d'avoine. Aujourd'hui, généralement, la boulangerie fait mettre la farine seconde et le meilleur de la troisième dans la farine qui porte encore le nom de première, et c'est avec ce mélange qu'elle fait le pain blanc. Voilà pourquoi il est inférieur en qualité à celui d'autrefois. Ce qui reste de la farine troisième est mélangé avec la quatrième et forme une qualité que la boulangerie vend pour faire du pain noir ou pour l'usage du bétail, avec la qualification impropre de troisième.

La qualité du pain bis s'étant affaiblie au fur et à mesure que l'on chargeait le pain blanc, les boulangers ont à peu près perdu l'habitude d'en faire et disent : « Les ouvriers ne veulent plus manger de pain bis. » Il serait plus juste de dire : Les ouvriers ne veulent pas de pain noir.

Le régime de la liberté pourra seul faire rentrer le travail de la boulangerie dans de justes proportions, car il n'est pas douteux que les consommateurs, généralement, ne se portent, sans s'arrêter à une légère différence de prix, là où le pain aura la meilleure qualité.

L'inconvénient du pain insufficsamment cuit devra cesser, le degré de cuisson convenable sera mieux assuré.

Quand la taxe a été établie à Besançon, on admettait que trois kilos et demi de pâte devaient donner trois kilos de pain. Aussi les boulangers se prévalant de cette indication officielle, pesaient-ils fidèlement la pâte lors des années de mauvais blé, et, sortant un ou deux pains du four pour constater le poids, se hâtaient-ils de défourner dès que les miches ne devaient plus peser que trois kilos. Ce pain n'était pas assez cuit, et cependant les boulangers étaient dans leur droit. C'est l'administration qui se trouvait en défaut en faisant une taxe d'après le prix de l'hectolitre sans tenir compte, selon les années, du poids de l'hectolitre. Ce vice a d'abord laissé des traces dans les habitudes de la boulangerie, dont le pain, malgré une bonne année, manque souvent de cuisson. Ce défaut a décidé beaucoup de consommateurs à dire aux boulangers : Faites cuire davantage mon pain, je ne vérifierai pas le poids; j'aime mieux prendre le déchet pour mon compte et avoir du pain convenablement cuit. C'est ainsi qu'une partie de la population supporte un déficit qui devrait être au compte de la boulangerie.

Pour être juste envers tout le monde, il faut reconnaître que les personnes qui veulent, ce qui est véritablement l'exception, du pain recuit doivent prendre à leur compte la différence de poids entre le pain cuit et le pain recuit, ainsi qu'il sera expliqué plus loin.

Grâce à l'introduction de la farine bise dans le pain blanc et au défaut de cuisson, les boulangers ont la possibilité de faire une remise de cinq centimes par miche de trois kilos aux clients exigeants et gros consommateurs. Il est temps que ce système préjudiciable aux acheteurs confiants, notamment aux ouvriers, cesse, et que la liberté fasse régner la blancheur, le bon goût du pain et la cuisson.

Les premiers boulangers qui auront le bon esprit de ne tirer de leurs meilleurs blés que 48 à 50 p. $_o/^o$ de farine première au lieu de 60 à 65 et de leurs blés pauvres que 40 p. $_o/^o$, peuvent être certains, avec une cuisson convenable, d'attirer une nombreuse clientèle, quand bien même leur prix serait supérieur à ceux de leurs concurrents qui n'auraient rien amélioré.

Il paraît qu'il n'est pas facile de convaincre la boulangerie qu'elle est obligée de livrer du pain convenablement cuit ; naguère, dans une localité peu éloignée, un boulanger était traduit en police correctionnelle pour infidélité de poids dans la vente du pain. Son principal moyen de défense a consisté à dire que s'il ne donnait pas le poids, c'était parce que ses acheteurs lui demandaient du pain bien cuit sans exiger le poids, et il justifiait son assertion par les déclarations de plus de quarante de ses clients. Il paraît que ce boulanger ne comprenait pas que plus le nombre des déclarations était considérable, plus ce nombre aggravait ses torts.

Le tribunal, tenant sans doute compte des habitudes de droiture du délinquant, ne lui a infligé que cinquante francs d'amende et la publication du jugement.

La cour de Rouen a rendu récemment un arrêt dans le même sens.

La cour de cassation, sur le même sujet, s'est prononcée dans ces termes le 11 mars 1864 : « Le

» décret du 22 juin 1863, sur la boulangerie, n'a
» pas abrogé les règlements de police sur la forme
» du pain mise en corrélation avec son poids; par
» suite, le boulanger qui, se conformant à ces
» règlements ou à l'usage local, donne au pain la
» forme usitée, en laissant croire à l'acheteur que le
» poids est en rapport avec la forme, commet le
» délit de tromperie prévu par l'article 1er de la loi
» du 27 mars 1851, si l'intention frauduleuse est
» constatée.

» L'acheteur confiant est, en effet, autorisé à
» croire qu'il y a eu pesage antérieur et exact, etc. »

Les boulangers ne doivent donc pas s'abuser sur
l'esprit de la circulaire ministérielle du 10 décembre
1863, qui dit que la vente du pain au poids ne doit
plus être obligatoire.

Par cette circulaire, il est certain que M. le ministre n'a pas entendu qu'un boulanger qui servait déjà ses clients sous la taxe officielle ait le droit de réduire le poids de ses pains sans prévenir les consommateurs qui continuent à recevoir avec confiance. M. le ministre a encore bien moins eu l'intention de dégager la responsabilité des boulangers, et c'est la presque totalité qui règlent leur vente sur la taxe officieuse, parce que dans ce cas toutes les obligations de la taxe officielle subsistent.

M. le ministre a sans doute voulu laisser toute liberté pour le pain de luxe, de fantaisie et de commande, pour être fixé le mieux possible avant de préparer la solution définitive de la question.

Si un jour les boulangers n'étaient plus tenus de

peser le pain de grande consommation, les acheteurs seraient en danger d'être lésés par le hasard, tandis que le boulanger saurait toujours le poids de ses pains.

Avant d'avoir passé, avec le nouveau régime, par des crises, par des années de cherté, il ne faut pas oublier que le pain est le premier aliment de l'homme; et la sagesse, ce guide tutélaire, ne permet pas encore d'abandonner l'usage de la vente du pain au poids.

Au sujet de la question du poids, il est étrange de voir comment elle est traitée par un journal spécial de Paris. Ce journal prenant à partie un commissaire de police de la Charente-Inférieure, qui, à la suite de nombreuses plaintes, a prévenu les boulangers qu'il serait dressé procès-verbal toutes les fois que *le pain ne pèserait pas exactement le poids indiqué,* met au défi le commissaire de police M. M....., tous les commissaires de police de l'Empire et tous les magistrats municipaux qui lancent des arrêtés sur la boulangerie, de fabriquer pendant trois jours de suite un pain pesant exactement le poids indiqué. L'article se termine ainsi : « On parle beaucoup en ce moment d'enseignement professionnel; pourquoi n'ouvrirait-on pas une école d'économie politique et de sens commun à l'usage de certains magistrats municipaux? » Et dans un autre article du même numéro : « A Pontoise, on publie la taxe officieuse à son de trompe. Les sergents de ville proclament ensuite les noms des boulangers qui vendent au-dessous de la taxe; jusque-là il n'y a que demi-mal. La circulaire de M. Béhic est dédaignée, les principes libéraux sont foulés aux pieds; après tout, la réclame officielle en faveur du boulanger qui baisse son prix n'a que la valeur d'une réclame. Mais les sergents de ville annoncent aussi les noms des boulangers qui vendent au-dessus de la taxe; ici ce n'est plus une réclame, c'est de la dénonciation! Elle n'a peut-être pas d'inconvénient aujourd'hui, parce que le pain est à bon marché; mais que le prix du blé augmente, l'administration qui suivrait les errements de M. le maire de Pontoise assumerait sur sa tête une grave responsabilité! »

Pour justifier le sens donné aux avis du commissaire de police, il faudrait prouver qu'un procès-verbal a été fait contre un boulanger qui a parfait, à la balance, le poids d'un pain trop léger. Pour fournir cette preuve, on peut défier l'auteur de la critique et tous ces rédacteurs de beaux articles où brille plus souvent l'art d'écrire que la connaissance des questions traitées.

La seule réponse à faire à celui qui voit une dénonciation dans l'IMPARTIALITÉ de la publication des prix de vente de tous les boulangers, c'est de lui souhaiter de mettre à profit l'enseignement qu'il sollicite. Il n'écrirait peut-être plus que : « Tous les cultivateurs et tous les négociants savent que les mercuriales sur lesquelles est basée la taxe fournissent toujours des chiffres inférieurs aux prix réels. Les moyennes ne comprennent jamais les blés de choix, et, par conséquent, elles sont inexactes. »

C'est cette assertion qui est inexacte, — mais passons.

Avec la taxe officieuse, en laissant les municipalités libres de fixer les prix selon l'usage des qualités dans

leur localité, ne convient-il pas de déterminer, d'une
manière générale, les qualités du pain taxé officieuse-
ment et celles du pain de luxe? Assurément oui.

Voici donc, selon l'auteur, les qualités et poids à
fixer par l'administration :

Avec le van, le trieur et le crible énergique, on
ne parvient pas encore à purger entièrement le blé
des graines étrangères. Il est alors convenable de faire
tirer des moutures 3 à 5 p. °/° de farine quatrième
qui sera comme l'écume de la zizanie et des matières
grossières ; ce produit ne convient qu'au bétail. Le
surplus des farines peut ne former qu'une qualité
propre à faire le pain dit de ménage, ou être divisé en
farine première et farine ronde ; la première pour le
pain blanc et la ronde pour le bis. La taxe officieuse
aurait donc à fixer les prix

     du pain blanc,
     du pain de ménage
     et du pain bis,

trois qualités distinctes, faciles à régler en mouture
et offrant un bon choix aux consommateurs.

Lorsque toutes les taxes de l'Empire indiqueront
ces trois qualités, les boulangers seront toujours
libres de faire leur déclaration de prix de vente pour
la seconde qualité seulement, ou pour la première et
la troisième, ou pour les trois ensemble. Mais il faut
absolument aux populations une démarcation uniforme dans les qualités. Du reste, avec le temps, on
verra certainement, surtout dans les grands centres
de population, se produire les trois qualités là où l'on
n'en trouve qu'une ou deux aujourd'hui.

Les boulangers devront être tenus de peser la pain avant de le livrer.

Les prix de vente seront absolument facultatifs aux boulangers lors de chaque nouvelle déclaration; les degrés de qualité et de cuisson seront seuls obligatoires. L'intérêt public et la morale l'exigent.

Il reste maintenant la question du pain de luxe pour lequel la boulangerie ne doit subir aucun contrôle. Si l'administration a charge de protéger les masses, elle ne doit pas avoir souci de ce qui tient au caprice, à la fantaisie ou à l'extra.

Il suffit donc d'exiger le poids et la déclaration du prix pour les pains d'un kilo et au-dessus, qu'ils soient longs ou ronds et de n'importe quel poids.

Ensuite, tout pain au-dessous du kilogramme doit être considéré comme pain de luxe. Les pains recuits d'un poids supérieur à un kilo doivent aussi être considérés comme pains de luxe; seulement, pour éviter toute équivoque, il faut reconnaitre que les pains ronds, troués au milieu en forme de couronne, seront en dehors du prix déclaré.

En vertu du régime de transition où nous sommes, les boulangers de plusieurs localités ont élevé le prix du pain au-dessus de celui de la taxe officieuse, et des maires ont cru devoir rétablir la taxe obligatoire. Ces magistrats auraient peut-être mieux agi en laissant subsister une augmentation bonne à faire surgir la concurrence et qui, dans les cas analogues, se produira infailliblement avec le régime définitif de la liberté et la publication des prix de vente en regard des noms des boulangers.

VIANDE.

J'ai toujours proclamé la liberté du commerce de la boucherie; la liberté qui ne pourra faire que du bien et ne sera jamais employée au mal, c'est-à-dire la liberté aux bouchers de vendre les qualités de viande qu'ils voudront, aux prix qu'ils fixeront.

Avec une liberté sans borne pour le nombre des étaux, les qualités de viandes qui y seront exposées, et les prix de vente, il est juste que les bouchers soient tenus :

1° De ne vendre que de la viande saine;

2° De ne pas vendre une qualité inférieure à celle indiquée;

3° De déclarer leur prix de vente;

4° De donner fidèlement le poids.

A ces garanties, que réclame l'intérêt général, il faut en ajouter une autre : l'impossibilité d'une entente entre les bouchers.

Il est temps que l'acheteur sache si on lui vend du bœuf, de la vache ou du taureau; du franc mouton, de la brebis ou du bélier; de la chèvre ou du bouc; du veau de lait ou du veau broutard. Il ne faut plus tolérer, même aux premières boucheries de Paris, l'abattage d'un taureau mêlé à des bœufs de très-belle qualité qui servent à l'étalage pendant que le tout passe à la balance.

Les consommateurs doivent payer le prix que vaut la qualité, mais on ne doit pas leur livrer une qualité pour une autre.

Ces vices ne seront détruits que par l'introduction forcée de l'honnêteté dans le commerce de la boucherie.

Les mesures nécessaires pour obtenir tous ces résultats sont exposées dans mon petit ouvrage publié en février 1863 avec le titre : *Réglementation du commerce de la boucherie.*

J'y ai exposé aussi :

Le regret qu'en France la consommation de la viande ne s'élève pas au tiers de la consommation anglaise ;

La diminution constante de la production de la viande, parce que chaque jour on réduit le degré d'engraissement des animaux ;

Le besoin de vérifier d'une manière efficace l'entrée des viandes mortes en ville (1) ;

Le bien qui résulterait à encourager l'engraissement des vaches, dont la viande n'est pas toujours justement appréciée ;

La nécessité de tenir les marchés aux veaux dans des lieux couverts ;

Le danger d'entreposer, pour la vente, les cuirs verts dans les cours d'abattoirs ;

L'utilité qu'il y aurait à prescrire, dans toutes les localités, l'uniformité du pesage des bestiaux vendus au poids ;

(1) L'article 51 de l'arrêté municipal de Besançon du 1er septembre 1862 n'est plus suffisant pour garantir la santé publique.

Les bienfaits de la multiplicité des prairies qui donnent la viande et l'engrais ;

La sagesse qu'il y aurait à fixer, d'une manière générale, les conditions des viandes qui doivent être retirées de la consommation ;

Des renseignements propres à éclairer les commissions militaires chargées de faire les marchés pour la viande du soldat ;

Les résultats considérables au profit de l'agriculture et des masses, par le concours permanent pour chaque pièce de bétail qui doit avoir son classement, avec publicité, à l'abattage.

Sans revenir sur toutes ces questions, il conviendra de reprendre la dernière après l'examen qui va suivre sur *la vente de la viande.*

Pas un aliment n'a besoin d'être autant surveillé que la viande à la vente, et, malgré le bon vouloir des administrateurs, c'est celui qui est le plus dissimulé. Les prix sont exorbitants, chacun s'en plaint ; M. Béhic, ministre de l'agriculture et du commerce, a dit lui-même dans son discours à la distribution des prix du dernier concours de Poissy : « Le maintien » du prix de la viande à un taux élevé semble indi- » quer encore un défaut d'équilibre entre la produc- » tion et la consommation, » et, avec des prix très-élévé, on n'est pas encore certain de la qualité !

La nécessité d'une réforme étant reconnue et réclamée par tout le monde, il convient donc d'y procéder. Cela est facile et paraîtra très-simple quand on aura mis en pratique les mesures suivantes :

Après le principal marché de chaque semaine, faire

passer un employé de l'administration chez tous les bouchers pour recevoir leurs déclarations des prix de chaque espèce de viande qu'ils vendront dans la huitaine;

Publier le tableau des noms des bouchers, avec leurs prix de vente en regard.

Dans ce tableau on ne peut pas consigner une taxe officieuse, comme pour le pain; mais il y a une autre indication non moins efficace à inscrire à la suite du nom de chaque boucher et de ses prix de vente : c'est le nombre, les espèces et les qualités de chaque pièce de bétail débitée par lui la semaine précédente. Par ce moyen, la succession des semaines indiquera les garanties que chaque boucherie offre pour les qualités ; ce moyen produira aussi tous les effets possibles d'une concurrrence ouverte. Alors, chaque étal aura son type de qualité, et tout le monde, selon ses moyens, pourra se procurer de la viande très-bonne, bonne ou passable. La même boucherie ne vendra plus frauduleusement les trois qualités de viande pour première ; chaque consommateur sera fixé sur ce qui se débite dans un étal ; les troupes ne seront plus exposées à être trompées.

Rien dans ce système ne sera difficile pour MM. les administrateurs. Il suffit d'avoir des employés sûrs pour le classement des qualités de chaque pièce de bétail et des viandes mortes. Le personnel des abattoirs peut fournir des agents aptes à ces fonctions, et, au besoin, on peut faire appel aux vétérinaires, dont un certain nombre va être libre par la suppression des haras de l'Etat. Déjà tous les règle-

ments concernant les abattoirs portent que : « Toute
» pièce de bétail sera déclarée et soumise à l'inspec-
» tion avant l'abattage; que l'employé inscrira
» chaque pièce de bétail abattue, le nom du bou-
» cher, etc. Les règlements s'expriment dans le
même sens pour les viandes dépecées. Il n'en coûte
guère plus d'inscrire si l'animal a de la viande très-
bonne, bonne ou passable. C'est à peu près ce qui se
passe, mais d'une manière beaucoup moins efficace
pour l'hygiène et la morale (1).

Ce sera en même temps un bienfait immense pour
l'agriculture. En effet, le gouvernement, qui, en bon
père, multiplie les concours et les encouragements,
trouvera un puissant auxiliaire dans le concours de
tous les instants, sur tous les points de la France à la
fois, qui existera par le classement de tous les animaux de boucherie à l'abattage. Avec la publicité des
qualités de viande débitées dans chaque étal, les
bouchers deviendront difficiles aux achats sur le
choix des animaux, et les nourrisseurs, à leur tour,
seront poussés à ne tenir que les sujets les mieux
réputés. Ce sera l'amélioration des races par la pratique de chaque jour et pour tout le monde; ce ne
seront plus quelques personnes, par-ci par-là, qui
opéreront sur quelques sujets. Il y aura de l'émulation
pour tous. Non-seulement ce système aura pour lui
le perfectionnement des races, une plus grande production de viande, mais encore il ne coûtera rien à

____

(1) Pour de plus grands développements et des détails, le
lecteur peut se reporter à la petite brochure dont il a déjà été
parlé.

l'Etat. Quand on sera habitué à son fonctionnement, tout le bétail finissant par l'abattoir, on trouvera étrange que la pensée ne soit pas venue plus tôt d'avoir lié la production du bétail avec le commerce de la boucherie ; car, cette liaison, convenablement utilisée, donnera les résultats les plus heureux. Non-seulement le boucher, de son bon gré ou par amour-propre voudra du bétail généralement plus gras, ce qui provoquera une plus grande production de viande de boucherie, mais à l'abattoir, par un classement intelligent et par la préférence accordée aux espèces les plus distinguées, les éleveurs auront intérêt à éviter les animanx à grosse tête, à charpente osseuse et souvent les plus difficiles à engraisser. Quand un éleveur fait produire et quand un nourrisseur achète du bétail, l'un et l'autre pensent au parti qu'ils finiront par tirer de leurs sujets, et la perspective du choix que le boucher fera en vue du classement à l'abattoir, où tout doit passer, sera d'une grande portée sur la manière de faire produire et de diriger les transactions Ainsi, avec le temps, sans perturbation dans les habitudes, on arrivera à une plus grande production de viande et à une réforme dans les espèces qui ne serait pas plus complète par la castration de tous les animaux indignes de la reproduction. Par les grands concours et ceux des comices, l'émulation n'est stimulée que chez les cultivateurs et propriétaires zélés et intelligents ; après eux arrivent de nombreux visiteurs qui s'éclairent, avec plus ou moins de profit, sur les améliorations ; mais la masse des producteurs, qui finira bien à la longue par suivre les progrès , reste dans la routine parce qu'elle n'est pas suffisamment aiguillonnée. Avec le classement à l'abattoir, on atteindra tout le monde , et ceux-là surtout qui redoutent les dépenses dans le sens du progrès seront les plus empressés à vouloir les améliorations, puisque leurs intérêts y seront liés.

Il convient maintenant d'examiner ce qui a été dit et fait en ces derniers temps sur le commerce de la boucherie.

A Besançon, M. le maire, par un arrêté du 29 novembre 1860, avait prescrit la publication , chaque mois, en regard du nom de chaque boucher, du nombre et des espèces de bêtes abattues, ainsi que des quantités dépecées introduites en ville. Ces très-bonnes dispositions avaient amené la suppression totale de l'abattage des taureaux et d'une grande partie des vaches. Pour donner toute l'autorité possible à ces mesures salutaires, l'arrêté précité est reproduit à l'article 30 du dernier règlement concernant l'abattoir et les boucheries, avec approbation de M. le préfet et de M. le ministre de l'intérieur.

Aujourd'hui, ces dispositions sont à néant. Sans être initié aux pensées de l'administration, ce n'est sans doute pas trop s'avancer en disant qu'on a fait valoir auprès d'elle le préjudice qu'éprouvaient les propriétaires par la mévente des vaches. Pour être plus complet, on aurait peut-être pu ajouter que l'on tenait à ménager les clients possesseurs de vaches; que certains bouchers étaient bien privés de ne pas avoir la liberté de se dérober à la vue du public; que d'autres bouchers étaient jaloux par la publication qui mettait au jour la faiblesse de leur débit ; les erreurs qui existaient chaque fin de mois au tableau d'abattage ne devaient pas, non plus, être agréables à MM. les administrateurs. Il va sans dire que le nombre des vaches abattues s'est sensiblement augmenté, et qu'il arrive à beaucoup de bouchers qui ne voulaient pas être remarqués au tableau d'abattage, de vendre de la vache pour du bœuf.

Sur quarante bouchers environ, quatre seulement n'ont pas abattu de vache ces derniers temps, et encore, l'un d'eux, qui serait offensé de l'inscription au registre de l'abattage d'une vache à la suite de son nom, en a acheté des quartiers chez un autre boucher.

Sans accuser l'administration de couvrir cette dissimulation, car la viande de vache peut être aussi bonne que celle de bœuf, il est certain que c'est entretenir le préjugé qui existe contre la viande de vache ; en laissant vendre une chose pour une autre, c'est aussi favoriser chez les bouchers un esprit qui a besoin d'une réforme radicale. Il paraît que par des instructions particulières, les bouchers ont été invités à ne pas abattre de taureau. Mais il faut être conséquent, et dans la même localité, il ne devrait pas y avoir deux poids et deux mesures. Si la mévente cause du préjudice aux propriétaires de vaches, la même raison existe pour les propriétaires de taureaux ; la raison est même plus grande en faveur des propriétaires de taureaux qui n'élèvent souvent que des sujets distingués et toujours dans le but de la reproduction.

Une fois que le commerce de la boucherie sera organisé sur un pied convenable, des étaux seront approvisionnés de bœuf, d'autres de vache, et d'autres de taureau ; alors, les qualités seront classées et les prix se nivèleront par rapport à l'écoulement des qualités, et, en attendant, il est regrettable que l'arrêté du 29 novembre 1860 ne soit plus exécuté.

Le règlement sur l'abattoir et les boucheries qui est en vigueur à Besançon depuis le 1ᵉʳ septembre 1863 porte, en tête, article premier. « L'abattoir que la » ville a fait construire rue d'Arènes demeure le seul » local destiné à l'abattage des bœufs, taureaux, » vaches, bouvillons, génisses, veaux, moutons, » chèvres et chevreaux dans l'intérieur des murs.

» En conséquence, est renouvelée par le présent » règlement la *défense absolue* d'abattre aucun des » animaux désignés ci-dessus, dans toute boucherie, » étable, bergerie, cave, cour ou bâtiment quel- » conque autre que l'abattoir public. »

L'article 35 dit encore : « Tous les agents de po- » lice exerceront la surveillance dans leurs sections » respectives, concurremment avec l'inspecteur ad- » joint, et se livreront comme lui à une active re- » cherche des abattages de bestiaux qui se feraient » dans la commune en d'autres lieux que l'abattoir » ou les locaux autorisés dans la banlieue. »

Afin d'enlever tout prétexte aux bouchers qui se prévalaient jadis de ce que l'abattoir était trop petit, la ville a dépensé 17,000 fr. pour ménager dans cet établissement toute la place nécessaire au service de l'abattage. Malgré ces mesures et les dispositions formelles qui précèdent, MM. les bouchers continuent à saigner chez eux. Sans vouloir empiéter sur le domaine de la commission d'hygiène, pour le danger que pourraient présenter 30 ou 40 tueries dans les cas d'épidémies ; sans faire ressortir l'incommodité supportée par les voisins, je crois qu'il est fâcheux que le règlement ne soit pas observé, parce que le menu bétail échappe à la vérification des employés. Les veaux, les moutons et les chèvres ne sont pas exempts des défauts qui excluent l'autre viande de la consommation. Il paraît que la commodité des bouchers prévaut et que ces messieurs ont le secret de rendre les règlements illusoires.

En parlant ainsi, je n'ai en aucune façon, la pensée d'attaquer l'administration municipale. Il serait injuste, après le rapport du 19 mai de M. le maire au conseil sur les affaires de la commune, d'exprimer autre chose que de la gratitude pour une succession de faits qui prouvent beaucoup de sollicitude de la part de magistrats éclairés et actifs. Ces brillants succès en font espérer d'autres ; au train actuel des choses, les revenus ordinaires de Besançon ayant été de 700,769 fr. 30 pour 1863, ce qui donne une augmentation de 74,087 fr. 82 sur 1862, pourraient bien atteindre un million en 1880 ; c'est un beau but.

Besançon était et est encore une ville de coteries. Cet esprit local semble diminuer depuis l'administration actuelle ; en le faisant disparaître entièrement, nos administrateurs augmenteront encore la somme de reconnaissance que leur doit la population.

Après ce juste hommage, nos édiles voudront bien permettre qu'on leur dise qu'ils sont mal renseignés sur la boucherie.

S'ils étaient mieux éclairés à ce sujet, l'article 14 du règlement ne porterait pas le paragraphe suivant sur le pesage d'un animal vendu viande nette. « La » queue devra rester à l'un des quartiers et le nerf » du côté opposé. »

Pour le lecteur qui n'est pas au courant des usages de l'abattoir, il faut dire que, d'un bœuf partagé en deux, on ne pèse, pour fixer le *quantum* de la viande, qu'une moitié choisie par le vendeur ; la queue tenue d'un côté, le nerf (verge) de l'autre doivent former la compensation.

Assurément personne ne saurait dire sur quelle table pourra être servi le second de ces derniers morceaux, que le boucher est obligé de recevoir et de payer comme viande nette. Quant à la compensation, elle n'existe point, la queue pesant en moyenne un kilo et demi, tandis que l'autre morceau est à peine d'un demi-kilo ; bien plus, quand c'est une vache, la queue est d'un côté, et de l'autre qu'y a-t-il? rien. Voilà certainement une injustice flagrante innovée dans un règlement administratif. C'est de plus une erreur d'appréciation, parce que la queue ne fait pas partie des quatre quartiers et qu'elle ne doit pas compter comme viande nette.

En indiquant dans le dernier règlement le mode de pesage en quatre quartiers, l'administration avait sans doute en vue de faire abandonner l'ancien système, qui prête aux abus. Rien de ce qui pourrait seconder cette réforme ne se fait à l'abattoir ; il serait cependant bien d'éviter tous prétextes aux bruits plus ou moins fondés qui existent depuis long-temps sûr la manière dont les pesages sont faits.

Le même article 14 porte une autre erreur en ces termes : « Le diaphragme sera coupé à un centimètre de son pourtour. » Un centimètre, mesure uniforme, fausse la proportion entre un bœuf de 200 kilos de viande et un de 600 kilos ; ce n'est plus de l'équité, et, encore ici, le diaphragme ne fait pas partie des quatre quartiers et doit être coupé au ras de la plèvre.

L'article 17 énonce des droits de pesage, qui sont fixés à 20 centimes par 100 kilos aussi bien pour le bétail sur pied que pour la viande nette; cela comporterait peut-être une observation ; mais, à l'égard du pesage, la privation de balances pour les bouchers qui veulent se rendre compte de leurs achats à forfait, fournit l'occasion de faire remarquer : 1° que depuis l'usage de l'abattoir actuel, les bouchers ont toujours eu la faculté d'avoir des balances à leur disposition pour établir leur prix de revient; 2° que c'est au moment où l'on double, et au-delà, les droits d'abattage et où l'on crée des droits de pesage pour tout ce qui est vendu au poids, que l'on interdit aux bouchers les balances facultatives; 3° que cette suppression forcée met les bouchers qui n'ont pas de grosses balances chez eux dans l'impossibilité de se rendre aucun compte, à moins de payer des droits de pesage qui ne devraient atteindre que ce qui est acheté au poids; que, du reste, à la halle de Besançon, où il existe aussi des balances publiques avec délivrance de bulletin de poids et droits de pesage, il y a une bascule où tous les négociants et boulangers peuvent vérifier le poids des blés, sans autres frais que les droits de halle.

Par ces considérations, la municipalité devrait permettre le pesage sans frais, sans inscription et sans délivrance de bulletin aux bouchers qui veulent seulement être fixés sur le prix de revient du kilo de viande acheté sur pied.

Si les administrateurs étaient mieux renseignés, il est probable que le prix de la viande à Besançon ne serait pas de 1 fr. 40 et 1 fr. 50 le kilo pendant que les mêmes qualités ne sont vendues que 1 fr. 10 et 1 fr. 20 dans plusieurs villes environnantes.

L'examen des appréciations faites par les ouvrages, revues et journaux sur la question de la boucherie pourra n'être pas long.

Dans beaucoup d'écrits on parle de boucherie : on exprime un regret sur le prix excessif de la viande ; on sollicite l'administration d'aviser au moyen d'établir un juste rapport entre le prix de la viande sur pied et celui de la vente à l'étal ; on formule des théories qui n'ont pas de solution ; on approuve complaisamment un vœu exprimé par des sommités ou une société éminente, sans savoir si la réalisation sera raisonnablement praticable ; tous les écrivains signalent le mal, élèvent des plaintes, et pas un n'indique le remède. Loin de là, si la question semble abordée avec assurance, le raisonnement est basé sur des erreurs ; exemple : Un rédacteur en chef d'un journal spécial de Paris, a avancé dans un numéro

du 4 mars 1865, que « six bœufs du Charolais du
» poids *de 5 à 600 kilos de viande nette,* d'une
» qualité entre la première et la seconde, avaient été
» achetés au prix de 550 fr. pièce, de sorte que la
» viande nette revenait au boucher à 1 fr. 05 le kilo
» et que sur ce prix l'acheteur avait encore à son
» profit, *le cinquième quartier,* soit 110 KILOS DE SUIF,
» le cuir, etc. » Voilà des chiffres erronés, basés
simplement sur la déclaration du vendeur et l'ima-
gination de leur auteur, et cependant ils ont fait
leur chemin, car on lit dans un autre journal du 15
du même mois : « Notre sympathique confrère a
» établi, sur *facture authentique,* le compte de six
» bœufs de *première qualité,* venant précisément
» des embouches *du Nivernais,* et dont le prix
» moyen ressortait précisément à 1 fr. 05. »

Il faut convenir qu'il est triste de voir une question économique de premier ordre aussi faussement
traitée par des hommes qui devraient, dans leur position, éclairer les citoyens au lieu de les égarer.

A qui prétend-on faire croire que les bœufs du
Charolais, qui ne sont pas de première qualité,
pèsent, poids moyen, 5 à 600 kilos de viande nette,
et que ces bœufs ont, l'un dans l'autre, 110 kilos de
suif? Pour avancer de tels chiffres, il faut être bien
étranger à la question ou prendre ses lecteurs pour
des niais.

Combien donc faudra-t-il encore de temps pour
combler le vide qu'a fait la perte de M. Pommier,
ce travailleur infatigable, ce vaillant athlète de la
liberté du commerce, qui étudiait consciencieuse-

ment les questions pour les traiter ensuite avec autorité? On se sert bien de son nom comme d'un symbole, mais il n'est plus là !

La *Société impériale et centrale d'agriculture,* qui m'a fait l'honneur de m'adresser ses remercîments pour mon travail sur la *Réglementation du commerce de la boucherie,* s'est occupée l'année dernière des prix et de la vente des viandes.

Je désire présenter respectueusement quelques observations sur ce qui a été dit au sein de cette éminente société.

C'est M. de Béhague qui a ouvert la discussion. Après avoir exposé des considérations très-judicieuses sur l'influence de la production animale sur le progrès agricole, M. de Béhague a fait ressortir le mauvais côté de la position qui est faite aux engraisseurs lors de l'abondance aux marchés de Sceaux et de Poissy; abondance qui produit la baisse des prix et laisse les vendeurs dépourvus de moyen pour stimuler la consommation et échapper à la mévente qui occasionne de grands frais et du dépérissement quand il faut attendre un marché plus propice. De cette façon, la viande grasse baisse au marché, le producteur y perd, le prix de la viande reste le même à l'étal, le consommateur n'y gagne rien et le *chevillard* seul en fait son profit.

Pour redresser cet état de choses et régulariser les positions, M. de Béhague croit que le colportage des viandes en quête d'acheteurs, dans les grandes villes, serait un moyen efficace. M. de Béhague pense qu'alors les bestiaux gras, délaissés dans l'abondance

par les bouchers, seraient achetés par des spécula-
teurs qui en feraient colporter la viande, et que la
consommation ainsi sollicitée prendrait de l'exten-
sion. M. de Béhague s'étaye à ce sujet sur ce qui se
passe dans les marchés aux poissons et aux fruits,
d'où partent les colporteurs pour placer les excédents.

Beaucoup d'approbations ont été données à M. de
Béhague, dont le but est fort louable, mais, pour
notre compte, nous ne pouvons pas admettre son
point de départ ni ses moyens d'exécution.

En premier lieu, si l'abondance sur un marché
provoque la baisse, la rareté provoque la hausse ;
alors acheteurs et vendeurs ont leur partie et leur
contre-partie. A la bourse aussi, les offres multipliées
font la baisse et les demandes nombreuses font la
hausse ; c'est la loi naturelle des transactions ; chacun à son tour. Il ne faut pas croire que dans un
marché, les nourrisseurs craignent de régler leurs
prétentions sur le petit nombre de bétail à la vente,
ils savent aussi bien en profiter que les acheteurs
savent profiter de l'excédant. Avec le système actuel,
qui ne fait presque pas varier le prix de la viande à
l'étal, les bouchers peuvent dire : « Puisque nous
n'augmentons pas le prix de la viande lorsque les
marchés sont faiblement approvisionnés et que nous
subissons la loi des vendeurs, nous ne devons pas
être tenus de le baisser quand l'abondance nous permet d'amener à composition les propriétaires. » En
somme, les prix sont le fait d'un débat libre et de
bon aloi.

La déclaration des prix de vente des bouchers

après le principal marché de chaque semaine, est le seul moyen de faire reproduire à l'étal les fluctuations des prix de la viande sur pied.

Au point de vue de la liberté des transactions, le colportage de la viande demandé par M. de Béhague peut être accordé, mais il sera loin d'atteindre les résultats espérés. L'exemple tiré du colportage du poisson et des fruits n'est pas concluant. Le poisson n'est colporté que quand il en reste sur le marché des quantités non vendues. Les moyens de conservation manquants, il est nécessaire de le vendre à tout prix. Après avoir été maintenu frais par le vendeur, au prix du cours, c'est l'acheteur, souvent, qui en fixe la valeur lorsque le placement est pressant, et, s'il n'est plus en bon état, c'est la police qui s'en empare pour le retirer de la consommation. Il y a donc urgence à colporter le poisson mort et à le vendre, n'importe comment; mais on ne voit pas sortir du poisson vivant de l'arche ou du vivier pour être colporté. Le colportage du poisson comme celui de la viande est, généralement, le signe ou d'une infériorité de provenance, ou surtout d'une prochaine décomposition. Les fruits sont quelquefois colportés parce qu'il est urgent de les vendre, ou parce que leur qualité médiocre n'en permet la vente qu'aux classes ouvrières qui ne vont pas au marché tous les jours. Pour les fruits, aussi bien que pour le poisson et la viande, une fois sur le marché, il faut vendre comme on peut, ou, en attendant trop, s'exposer à tout perdre. Le bétail sur pied, malgré une entière mévente, est loin d'être dans des conditions aussi défavorables ; car, en ce cas, un bœuf vivant trouvera toujours acheteur à un prix quelconque, et s'il était abattu, précisément dans les moments d'abondance où les bouchers forcent un peu l'abattage, sa viande et sa dépouille ne seraient certainement placées qu'à un taux désavantageux ; le colportage et la manipulation ne manqueraient pas de hâter l'altération de la viande, et enfin l'offre qui en serait faite par un inconnu présenterait moins de garantie hygiénique que la vente dans un établissement à demeure d'une moralité non suspectée.

Ces considérations ne doivent pas faire oublier la pensée généreuse de M. de Béhague qui tend à amener une plus grande consommation de viande de boucherie. Sur ce point, M. de Béhague a toutes les sympathies et ce sera une bonne chose si le présent travail est propre à seconder ses vues.

M. Bella a proposé une économie sur le transport, au moyen de l'abattage des animaux à leur point de départ pour n'expédier à Paris que la viande nette. Puisque la pierre est ébauchée à la carrière et que le grand bois est équarri en forêt pour soulager les transports aux chantiers, M. Bella a sans doute pensé qu'en laissant aux lieux de production près de la moitié du poids d'un bœuf, il y aurait avantage notable dans les frais de traction. M. Bella a déclaré savoir, par expérience, que la viande soufflée à l'abattage était de moins bonne conservation que celle non soufflée, et il émet l'avis de ne pas la souffler en vue d'éviter l'altération.

Avant de faire sa proposition, M. Bella a oublié

une chose essentielle : de consulter les tarifs des prix de transport. Voici les conditions de la compagnie du chemin de fer de Paris-Lyon-Marseille, conditions qui doivent être à peu près les mêmes pour les autres lignes de fer :

50 centimes par kilomètre et par vagon complet de bœufs, plus un franc par tête pour le chargement;

28 centimes par tonne et par kilomètre pour la viande nette, plus 1 fr. 60 par tonne pour manutention.

En prenant une moyenne de deux cents kilomètres à parcourir, le prix de transport d'un vagon contenant neuf bœufs, coûtera, à 50 centimes le kilomètre,   100 fr.

1 franc par tête de chargement,   9
                                        ____

                              Total,   109 fr.

Si ces neuf bœufs étaient abattus avant leur départ, ils produiraient probablement en moyenne 375 kilos de viande nette à multiplier par neuf, ce qui donne 3,375 kilos à 28 centimes la tonne, soit 94 centimes 1/2 par kilomètre,   189 fr.

1 franc 60 par tonne de manutention,   5   40
                                        ____

                              Total,   194 fr. 40

De sorte que les frais de transport des neuf bœufs sur pied seraient inférieurs de 85 fr. 40 aux frais du transport de la viande qu'ils produiraient, sans compter que le double camionnage de la viande à la gare de départ et à celle d'arrivée n'existe pas pour les bœufs.

Ensuite, sans entrer dans les difficultés de l'abat-

tage, des apprêts de la viande, du parti à tirer des dépouilles, etc., — combien d'inquiétudes attendent le vendeur ! Chaque instant de retard dans la vente augmente son anxiété, car le temps presse, et comme l'a dit très-sensément M. A. Sanson, directeur de *la Culture :* « La situation de l'expéditeur de viande, en
» cas d'encombrement du marché, serait encore bien
» plus défavorable que celle de l'expéditeur d'ani-
» maux sur pied ; car dans ce dernier cas, s'il y a
» quelque perte à subir, elle n'est ordinairement que
» partielle. Les animaux vivants se conservent d'un
» marché à l'autre. Ils consomment de la nourriture
» sans augmenter de poids et par conséquent de va-
» leur ; mais en pareil cas que deviendrait la viande
» abattue, encore bien même qu'elle n'eût pas été
» soufflée ? La nécessité de la vendre immédiate-
» ment, l'impossibilité de la conserver, ne mettrait-
» elle pas le vendeur à la merci de l'acheteur, du
» moment qu'elle ne pourrait pas être livrée en
» même temps et en détail aux consommateurs ? Il
» nous paraît certain que si un beau jour tous les
» engraisseurs qui approvisionnent les marchés de
» Paris, ou même seulement la plupart, s'avisaient
» d'abattre leurs animaux et de les expédier tout
» préparés à la halle, ils seraient guéris pour tou-
» jours de la tentation d'y revenir. »

Il est sans doute inutile de s'arrêter davantage à ce sujet.

M. Barral a pris part à la discussion. Son nom sympathique à ceux qui lisent ses ouvrages toujours instructifs, était une garantie de la valeur de ses observations. En effet, M. Barral a démontré avec beaucoup de justesse les entraves et les nombreux frais que subit la viande pour être vendue à la criée. La parole de M. Barral, dans un temps plus ou moins long, ne pourra manquer de porter ses fruits; les obstacles qu'il a signalés tomberont.

Plusieurs autres membres de la société ont traité des questions d'un grand intérêt; seulement, il convient de ne retenir ici que ce qui a été spécial au commerce de la boucherie.

M. Gareau a dit que le monopole de la boucherie n'était plus dans la législation, mais qu'il subsistait dans le fait. M. Magne a fait ressortir que le commerce de la boucherie, par sa nature, ne pouvait manquer d'être monopolisé, et que, quoiqu'on fasse, les bouchers feront toujours payer la viande le prix qu'ils voudront.

L'assertion de M. Gareau est une vérité. Pour détruire le monopole qui existe en fait et réduire les prétentions exagérées que signale M. Magne, il faut obliger les bouchers à pratiquer la liberté, en leur retirant les moyens de dissimuler la vente des viandes de faible qualité et en leur rendant ainsi le service de pouvoir avouer toutes leurs actions. Tant que les bouchers auront des moyens de dissimulation, tant qu'ils ne pourront, sans en être gênés, montrer à leurs clients toutes les pièces vivantes du bétail qu'ils veulent débiter, il existera dans la boucherie une sorte de pacte occulte qui empêchera d'agir librement et de jouir du sentiment d'indépendance inné chez chacun. On arrivera certainement à ces ré-

formes par le classement des qualités des animaux
et la publication du résultat par semaine pour chaque
boucher, avec ses prix de vente en regard de son
nom. Ce système résume tout : Emulation aux éleveurs et engraisseurs; garantie de qualité aux consommateurs; obligation pour les bouchers d'exercer
leur commerce loyalement; concurrence effective,
comme régulateur des prix entre la production et la
consommation; et, au fond, liberté pour tout le
monde.

APPENDICE.

Que pourra produire cet ouvrage à Besançon?
Probablement peu de choses, a en juger par le sort
qu'a eu son aîné, en février 1863. Un travail qui
avait pour but la liberté du commerce de la boucherie avec des garanties morales et qui pouvait
peut-être fournir des renseignements utiles à nos
administrateurs, m'a valu de la part d'une des premières notabilités de la ville, le langage suivant :
« Dans votre livre, vous dites des choses que tout
» le monde ne sait pas. Quant à la réglementation
» du commerce de la boucherie, elle n'est pas facile;
» on a déjà fait des essais sur la taxe de la viande et
» et ils n'ont pas réussi. »
Cette appréciation n'étant pas en rapport avec ce
que j'avais écrit, et la personne qui venait de me
parler n'ayant pas le temps de m'entendre dans le
moment, je me suis rendu chez une autre honorable
personne, qui passe pour représenter plus particuliè-

rement le progrès dans la cité, avec l'intention de m'expliquer sur l'exemplaire que je lui avais adressé quelque temps auparavant. Cette seconde notabilité m'a dit qu'elle avait bien reçu ma brochure, mais qu'elle ne l'avait pas lue; elle ne savait même plus ce qu'était devenu cet opuscule, mais elle a bien voulu ajouter qu'elle avait fait venir *les Mystères de la boucherie*, par E. Blanc. Cet ouvrage, de l'aveu même de la personne qui m'en parlait, n'apprend rien sur la boucherie, mais il est de Paris et d'un auteur qui écrit bien. Il paraît cependant que cette œuvre de la capitale n'a pas eu un grand succès, car le *cinquième quartier* des animaux que l'auteur a découvert comme un mystère n'était pas un profit pour les bouchers de Besançon, où, avec les quatre quartiers, on pesait (ce qui est désigné comme cinquième) le cuir et le suif. Avec le nouveau règlement, le cinquième quartier n'est plus payé au vendeur si ses réserves n'ont pas été faites pour l'ancien usage.

Dans une conversation d'environ un quart d'heure, la personne chez qui j'étais m'a dit qu'on devait laisser au commerce de la boucherie une liberté absolue; qu'il fallait, autant que possible, éviter l'intervention de l'administration, mais qu'elle verrait volontiers s'établir une concurrence contre les bouchers. Je ne sais s'il y avait dans ces dernières paroles une allusion à ce qui s'est passé à Besançon par mon fait; en tous cas, voici ma réponse, et, si elle est longue, elle n'en sera peut-être pas moins édifiante :

En 1844, la population élevait des plaintes contre
le monople des bouchers ; l'autorité municipale en
était préoccupée, et l'*Impartial*, journal de Besançon, proposait un établissement qui pût déjouer la
coalition et ramener le prix de la viande à un taux
raisonnable. M. J. Muiron, alors chef de division à
la préfecture, s'est adressé à moi pour créer l'établissement projeté. Avec le concours officieux de
M. le général de division, la participation de la ville
par un prêt de 3,000 fr. sans intérêt, le patronnage
de personnes honorables et la certitude de l'adhésion
des consommateurs, la *Société bisontine* a été consti-
tuée, et, sous ma direction, des étaux ont été ouverts
où le prix de la viande a été fixé, sauf de rares
exceptions, à un franc le kilo depuis le mois de
mai 1845 au mois d'avril 1855. Par cette concurrence, les bouchers avaient été obligés de réduire le
prix de leur viande à 1 fr. 10 c. Pendant les cinq à
six premières années, j'ai eu à subir les actes les
plus grossiers d'une concurrence puissamment orga-
nisée. Plein de dédain pour ces mauvais procédés et
constamment préoccupé de mon but, j'ai fini par
surmonter tous les obstacles en maintenant jusqu'au
bout le prix de la viande à 1 fr. le kilo. Les bouchers
savaient que rien ne pouvait me faire dévier dans
mes résolutions et qu'ils n'avaient qu'à gagner en se
rangeant à moi. L'appui moral de l'administration
d'alors m'avait facilité les moyens d'arriver. Une
nouvelle administration étant survenue, les bouchers
y ont eu accès, et, le 26 juillet 1850, le receveur
municipal me mettait en demeure d'effectuer, *sans*

délai, le remboursement de la somme de 5,000 fr. prêtée par la ville à la *Société bisontine;* le receveur ajoutait que « dans le cas où le remboursement ne serait pas *immédiatement effectué,* il se verrait forcé d'exercer, *sans retard aucun,* toutes les *poursuites* nécessaires pour atteindre ce but. » Les bouchers, dont la popularité n'était pas à dédaigner, avaient fait valoir ce motif qu'aucun établissement ne devait jouir des fonds de la ville, ou que tous devaient y participer également. Pendant que l'on retirait à la *Société bisontine* le bénéfice de 150 francs d'intérêts par an, on allouait aux bouchers la location de l'abattoir à des conditions qui leur laissaient des milliers de francs de profit. Une fois le remboursement de 5,000 fr. effectué, la société n'ayant plus de lien avec la municipalité, et perdant ainsi son caractère d'intérêt public, je n'ai plus songé qu'à me retirer d'une entreprise qui, devenant particulière, ne pouvait me convenir, et je suis revenu à mes affaires de commission en marchandises.

Au commencement de 1861, MM. les chefs de corps de la garnison de Besançon m'ont fait l'honneur de me demander des renseignements pour passer des marchés avec les bouchers, conformément au nouveau mode d'achat prescrit par M. le ministre de la guerre. Les présidents des commissions d'ordinaires rencontraient surtout un obstacle dans le prix d'un franc et un franc dix centimes qu'on leur demandait du kilo de viande. Je me suis empressé de donner mon concours. Dans ce but, j'ai fait des démarches auprès de plusieurs bouchers pour les

engager à traiter à des conditions raisonnables ; je
n'ai pas pu obtenir un prix plus bas que 95 cent., et
encore a - t - il été retiré quand il s'est agi de le
souscrire. Engagé dans ces démarches, j'avais à cœur
d'aboutir. A cet effet, je me suis adressé particuliè-
rement à deux bouchers que j'avais eus comme employés à la *Société bisontine,* et je les ai décidés à
prendre la fourniture au prix de 92 centimes pour
une année. Comme ils ne voulaient pas marcher
seuls, et que je ne devais pas, non plus, les abandonner aux attaques d'une concurrence irritée ; que,
d'autre part, les chefs de corps me demandaient
comme caution, et que dès lors j'avais besoin de
couvrir ma responsabilité, le marché passé par eux
et cautionné par moi était pour le compte des trois.
L'un des deux bouchers devait s'occuper spécialement des achats, l'autre tenait le dépôt d'où partaient
les viandes destinées aux boucheries des casernes et
de la vente bourgeoise. J'étais chargé de l'administration générale. L'entreprise a fonctionné du 1er juin
1861 au 31 mai 1862, sous la dénomination de
Société.

Ne voulant pas sortir d'une bonne exécution, j'ai
refusé, à l'abattoir, plusieurs pièces de bétail comme
impropres à faire un bon service, au risque pour la
société de perdre à la revente, car ce bétail avait été
acheté par un des associés.

Un jour le capitaine de service pour la commission
du 53e régiment d'infanterie, m'a prévenu que le
vétérinaire municipal prétendait qu'aux termes du
cahier des charges, la société ne devait pas retirer le

gros de la cuisse des bœufs, et que la commission devait se réunir, en présence de l'agent de la ville, pour prendre une décision à ce sujet. D'après l'article 4 du cahier des charges, la commission prononce sans intervention d'expert et sa décision est exécutoire sans appel. Quelles que fussent les ressources de la société, sa ruine était en jeu. Heureusement, le capitaine de service a bien voulu, malgré l'article 4, m'engager à désigner un vétérinaire pour représenter la société à la réunion de la commission. C'est M. Messelet, désigné par M. le préfet pour la visite des chevaux vendus par l'Etat, qui a accepté ce mandat. Voici l'article du cahier des charges interprété par l'agent municipal : « Les parties détaillées » plus bas peuvent être détachées des quartiers de » viande : le filet et le gros de la cuisse depuis l'arti- » ticulation coxo-fémorale, mais en laissant le cuissot » (rouelle) et les parties abdominales partant du » grasset jusqu'à la partie inférieure des côtes (le » flanchet) inclusivement. » Le gros de la cuisse étant, de cette façon, spécialement réservé aux four- nisseurs, l'agent de la ville en a été pour sa fausse démarche, et la société a échappé à sa ruine.

Le refus de propositions très-généreuses, pour faire participer à l'entreprise un plus grand nombre d'adhé- rents qui ne trouvaient plus le prix de 92 cent. trop bas, n'a sans doute pas servi à calmer la concur- rence.

D'un commun accord, l'acheteur s'est retiré de l'association, et plus tard il s'est mis du côté des bouchers pour combattre la société.

Il s'agissait de pourvoir à l'achat d'environ 120 bœufs par mois ; la société a chargé de cette mission un honnête homme, M. Maximin Doret, d'Epeugney.

La viande d'une vache abattue étant suspecte, j'ai prié M. Zominy, vétérinaire du haras impérial, de vérifier la qualité qui a été déclarée saine par cet artiste. Le vétérinaire de la ville est arrivé ensuite et a trouvé la viande impropre à la consommation. En présence de ce conflit, un troisième expert était nécessaire ; mais, pour plus de certitude, j'ai demandé l'avis de M. Poignant, l'honorable doyen des vétérinaires, membre du conseil municipal, et de M. Messelet. Ces deux Messieurs se sont rangés à l'opinion de M. Zominy, et j'ai livré la viande à la consommation.

Un bœuf abattu avait été reçu, et sa viande estampillée par l'employé en chef de l'abattoir. M'étant aperçu que le foie de ce bœuf était gravement atteint, j'ai prévenu l'employé qu'il n'avait sans doute pas remarqué le mal, et sur mon avis il a envoyé chercher le vétérinaire de la ville. N'ayant déjà plus de confiance dans cet artiste, je suis allé chez M. Messelet, qui est venu avec moi à l'abattoir ; à notre arrivée, nous avons trouvé l'agent municipal ; il était accompagné d'un inspecteur de police qui m'a dit d'un ton superbe : « Je vous déclare que cette viande est séquestrée. » M. Messelet ayant partagé mon opinion sur la mauvaise qualité de la viande, le bœuf a été enfoui.

Plusieurs fois, j'ai fait remarquer à M. le commissaire de police du canton nord que l'employé en chef de l'abattoir estampillait, comme vache, les quartiers de bœuf de la société.

Dans ses achats sur le marché de Besançon, l'acheteur de la société a acheté deux bœufs qui avaient été volés et qui n'ont été reconnus que par les cuirs après l'abattage ; aussitôt le fait constaté, le vétérinaire municipal s'est empressé d'aller avertir les autorités qu'on avait découvert deux bœufs volés dans ceux de la société.

Il est arrivé plusieurs fois à la société de refuser des viandes impropres à la consommation qui avaient été reçues comme saines à l'abattoir.

Le 29 juin 1861, M. le ministre de la guerre a adressé à M. le préfet du Doubs une lettre ainsi conçue :

» Paris, le 29 juin 1861.

« Monsieur le préfet,

» Par dépêche du 7 mai dernier, n° 1026, j'ai signalé à votre attention l'attitude équivoque que le plus grand nombre des bouchers de Besançon avaient prise à l'égard des troupes de la garnison, et les prétentions mal justifiées qu'ils élevaient pour la fourniture de la viande aux ordinaires.

» Avec votre concours, un marché embrassant une période de douze mois a été souscrit par deux soumissionnaires au prix de 0 fr. 92 c. le kilog. (1).

» Aujourd'hui, les autres bouchers de votre chef-lieu m'adressent une requête, dont copie est ci-jointe, pour demander l'annulation de ce marché en ce qui concerne le 7e bataillon de chasseurs à pied. Les pétitionnaires ont envoyé près de mon administration un représentant qui n'a pu contester le fait d'une abstention préméditée, à laquelle il a déclaré n'avoir pas pris part personnellement.

(1) Le prix de 95 c. avait été retiré, et dans leur requête au ministre, les bouchers offraient à 88 c.

». Ce fait constitue une véritable coalition ; les conséquences en auront été un préjudice grave pour les ordinaires et une perturbation dans le commerce de la boucherie de Besançon ; s'il se renouvelait, il devrait attirer la
répression et la sévérité de la loi ; dans cette prévision, je
vous prie d'en entretenir M. le procureur général impérial.

» Je vous serai fort obligé également si vous voulez bien
informer les pétitionnaires que leur demande n'est susceptible d'aucune suite.

» Pour le ministre,

» Signé : DARRICAU. »

En même temps M. le ministre écrivait à M. le
général de division :

« Paris, 29 juin 1861.

» Général, les bouchers de Besançon, autres que ceux
qui ont souscrit le marché de fourniture de viande en cours
d'exécution, viennent de me faire remettre par l'un d'eux
une réclamation dont je joins une copie à la présente. Je
prie M. le préfet du Doubs de faire connaître aux pétitionnaires que leur demande n'est susceptible d'aucune suite.
Vous trouverez ci-incluse une copie de ma dépêche.

» Le porteur de la pétition a affirmé à mon administration que les fournisseurs livrent à la troupe de la viande
de vache presque exclusivement, contrairement aux termes
de leur traité. J'appelle votre attention sur cette révéla-
tion, et je vous prie de vous concerter avec l'autorité civile
afin que les déclarations des agents de l'abattoir, remises
à votre chef d'état-major permettent de contrôler si les
titulaires du marché remplissent loyalement les engage-
ments qu'ils ont contractés.

Pour le ministre,

» Signé : DARRICAU »

Pendant que le porteur de la pétition affirmait au
ministère de la guerre que les fournisseurs de la garnison livraient à la troupe de la viande de vache

presque exclusivement, l'employé en chef de l'abattoir produisait à **M.** le général de division un état de l'abattage, signé par lui et par le vétérinaire de l'administration, dans lequel des chiffres faux font ressortir faussement la quantité de viande de bœuf en regard de la viande de vache; la quantité de viande de bœuf est sensiblement réduite et celle de vache est augmentée. Cet état a été dressé et est parvenu à **M.** le général à l'insu des fournisseurs. Ce n'est qu'à la suite des reproches de la commission du 53e que la société a eu connaissance du travail trompeur des agents de l'administration municipale, et ce n'est qu'après mes dénégations les plus énergiques opposées aux chiffres qui avaient comme un caractère officiel, et peut-être aussi par le souvenir des allégations du vétérinaire pour la livraison du gros de la cuisse, que les renseignements fournis n'ont eu aucune suite et n'ont pas même été communiqués aux autres corps. Cette fois encore, la société a échappé à des conséquences qui pouvaient lui être funestes.

Le 28 novembre 1861, à dix heures, une vache a été abattue pour la société; la viande s'est trouvée malsaine et même d'un aspect repoussant; en présence de l'évidence, j'ai déclaré au vétérinaire municipal et à l'employé en chef de l'abattoir, devant plusieurs personnes, dont deux agents de police, que je reconnaissais la viande impropre au service, qu'elle serait enfouie, mais qu'il ne fallait pas la faire enlever de l'abattoir avant que les formalités fussent remplies pour constater le vice rédhibitoire et avoir le recours contre le vendeur. Je me suis empressé d'adresser une requête à **M.** le juge de paix qui a nommé trois experts, **MM.** Poignant, Messelet et Berger, ce dernier vétérinaire de première classe en retraite et chevalier de la Légion-d'Honneur. Ces Messieurs se sont rencontrés à une heure du même jour à l'abattoir pour vaquer ; en y arrivant avec eux, nous avons trouvé les membres des commissions militaires de tous les corps de la garnison, qui m'ont témoigné toute leur indignation de ce que je voulais, disaient-ils, livrer de la viande gâtée à la troupe, ajoutant que ce n'était pas la première fois qu'on venait les édifier à ce sujet et qu'ils feraient résilier le marché. Voici ce qui motivait la présence des commissions et leur langage : Pendant que j'étais en démarches pour provoquer l'expertise judiciaire, le vétérinaire de la ville s'était rendu (ce n'était pas sa première démarche de ce genre) auprès des chefs de corps, au café Granvelle, et leur avait dit à peu près ceci : « Je viens vous prévenir que la société tient à l'abattoir la viande d'une vache atteinte de maladie grave ; que les fournisseurs feront leur possible pour la livrer à la troupe si on ne m'aide pas à la refuser, car je suspecte de complaisance les artistes appelés à me contredire. » A un appel motivé dans ce sens, **MM.** les chefs de corps ont de suite convoqué les commissions à l'abattoir, où l'inspecteur et le vétérinaire municipal ont exposé à **MM.** les officiers des procès-verbaux constatant, l'un, qu'une vache malade avait été refusée par le vétérinaire de la ville, mais que je l'avais fait recevoir et qu'elle avait été mangée par la troupe ; un autre, que c'était grâce à l'énergie de l'artiste que la viande malsaine d'un bœuf avait été enfouie, etc... Ce n'est qu'après les explications des experts assermentés, qui procédaient judiciairement, que les membres des commissions ont été fixés sur ce qui existait. Une fois de plus, la société a été sauvée d'un écueil.

Désireux de prévenir de nouveaux dangers, j'ai rendu compte à M. le Maire de ce qui s'était passé avec les commissions militaires, et la société doit, sans doute, à ce magistrat d'avoir rencontré d'autres formes de la part du vétérinaire municipal, car sauf la qualification de dénonciateur que m'a valu ma démarche à la mairie, le rôle de cet agent a changé d'une manière étrange. Voici ce qui s'est passé ensuite : un bœuf ayant la maladie de la pierre, a été abattu pour la société ; après l'ouverture de l'animal, on pouvait constater que la vessie était déchirée et l'urine répandue et infiltrée dans les chairs. Le vétérinaire a déclaré que la viande était bonne et pouvait être livrée sans inconvénient à la consommation. Ayant trouvé cette viande malsaine, et Vieillet, le sociétaire qui tenait le dépôt de viande et qui m'a fidèlement secondé du premier au dernier jour, étant de mon avis, nous l'avons refusée au vendeur qui était présent. D'après l'avis qui avait été exprimé par l'artiste de la ville, le propriétaire comptait vendre la viande à des bouchers ou en disposer autrement, mais l'agent est revenu sur sa décision comme si la viande, bonne pour l'un ne devait pas l'être pour l'autre, et le bœuf a été enfoui. Alors, on m'a fait la réputation d'avoir le caractère difficile.

Une fois l'entreprise arrivée à son terme, j'ai eu
à cœur de faire purger les procédés employés contre
la société en portant une plainte contre les deux
agents en défaut. Une enquête a été ordonnée, mais
malgré de nombreuses démarches de ma part et près
de deux années écoulées, l'enquête n'est pas achevée!

J'ai toujours eu du dédain pour les procédés grossiers et les calomnies des bouchers, sauf, en 1848
ou 1849, époque à laquelle j'en ai fait condamner
quelques-uns par le tribunal de Besançon ; mais je
ne puis traiter de même les actes d'un agent de l'administration, quoique subalterne, et c'est bien le
moins qu'ici, en présence de mes concitoyens, je
fasse connaître le mépris qu'ils m'inspirent.

J'ai aussi le droit de dire à l'autorité militaire
qu'on a plusieurs fois cherché à la tromper, à l'in-
disposer contre la société, et qu'on lui a produit un
état faux des viandes livrées à la troupe.

Cet ouvrage m'attirera peut-être encore des ini-
mitiés et des sarcasmes; mais je n'ai jamais aspiré à
d'autres témoignages de satisfaction qu'à ceux de
ma conscience. Puisqu'il m'a été donné de connaître,
dans tous leurs détails, le fort et le faible des commerces de la boulangerie et de la boucherie, je crois
devoir laisser des notes qui peuvent être utiles. Il
me suffit, au surplus, d'avoir le souvenir du prix de
la viande à Besançon pendant les huit années de la
Société bisontine, et de l'augmentation des recettes
de l'octroi sur la viande pendant l'année de fourniture à la troupe, pour oublier que deux fois j'ai in-
terrompu ma carrière commerciale commencée en

1834 ; ces interruptions ne m'ont pas été lucratives, mais j'ai toujours été guidé par les sentiments d'un honnête homme, et c'est assez !

François RENAUD.

Besançon, juillet 1864.

BESANÇON, IMPRIMERIE DE J. BONVALOT.

BESANÇON. — IMPRIMERIE DE J. BONVALOT.